Una Sola Fe
Un Solo Señor

CREENCIAS CATOLICAS BASICAS

One Faith,
One Lord

Monseñor John F. Barry, P.A.

Sadlier
División de William H. Sadlier, Inc.

ÍNDICE

CONTENTS

Nuestras raíces católicas

Buscar

○ Imagínate buscando información en el Internet. Encuentras un lugar con preguntas, pero no con las respuestas, sobre la existencia humana y el significado de la vida. Te pide ir directamente a otros lugares de organizaciones, compañías, universidades y editoriales para encontrar las respuestas. ¿Qué enlace esperas encontrar en estos lugares? ¿Qué enlaces añadirías?

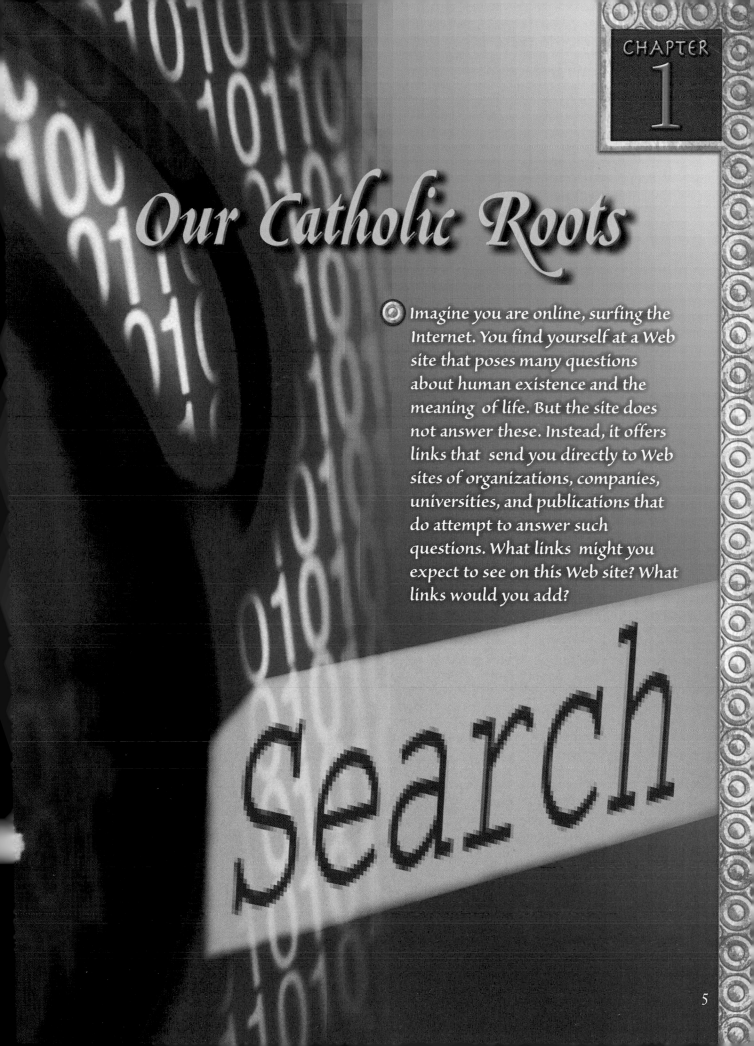

Our Catholic Roots

Imagine you are online, surfing the Internet. You find yourself at a Web site that poses many questions about human existence and the meaning of life. But the site does not answer these. Instead, it offers links that send you directly to Web sites of organizations, companies, universities, and publications that do attempt to answer such questions. What links might you expect to see on this Web site? What links would you add?

1 Nuestra fe católica nos ayuda a descubrir el significado de la vida.

Los seres humanos siempre se han preguntado el significado de la vida y del origen del mundo. Ninguna otra criatura se puede preguntar: "¿de dónde vienen las cosas?" "¿Por qué las cosas son como son?" "¿Cuál es el sentido de la vida?"

Estas son sólo algunas de las preguntas que nos podemos hacer. Durante siglos la gente ha estado tratando de contestarlas para entender el sentido de la vida. Ha tratado de encontrar respuestas satisfactorias de las siguientes formas:

- razonando, pensando y generando ideas
- reflexionando en experiencias personales
- buscando y explorando más allá del conocimiento cotidiano
- escuchando a aquellos con quien trabaja y vive.

Todas estas formas de descubrimiento son maravillosas, pero limitadas. La razón y la experiencia nunca podrán contestar totalmente todo lo que necesitamos saber. Sólo nos pueden llevar hasta cierto punto. Necesitamos algo más. Para los católicos ese algo más es la fe.

¿Qué es fe? La fe no es sólo otro punto de vista. Fe es un don de Dios. La fe nos ayuda a empezar a ver nuestras vidas y el mundo como Dios los ve.

Una persona de fe sabe que hay más que lo que se ve. Por medio de los ojos de la fe, sabemos que Dios está cerca, más cerca de lo que podemos imaginar y que Dios es la fuente de toda vida.

La fe no toma el lugar de la razón, la experiencia personal, la investigación humana o el aprendizaje. La fe construye nuestras habilidades humanas y trabaja a través de ellas. Esto lo sabemos por

experiencia. A través de la historia, podemos ver que algunos de los artistas, educadores y científicos más talentosos y creativos han sido gente de fe.

La fe es como una llave que abre muchas puertas. Nuestra fe nos muestra las respuestas que muchas veces no podemos descubrir por nosotros mismos.

¿Cuáles son tus preguntas sobre el significado de la vida?

6

Our Catholic faith helps us to discover the meaning of life.

Human beings have always asked questions about the meaning of life and the origin of the world. No other creatures on earth can ask, "Where do things come from?" "Why are things the way they are?" or "What is the meaning of life?"

These are only some of the exciting questions that we can ask. For centuries, people have tried to answer such questions and to make sense out of life. They have tried to find satisfying answers in the following ways:

- reasoning, thinking, and generating ideas
- reflecting on their own experiences
- reaching out and exploring beyond everyday knowledge
- listening to those with whom they live and work.

All of these ways of discovery are wonderful—but they are limited. Reason and experience have never answered fully everything we need or want to know. They can only take us so far. We need something more. For Catholics, that something more is faith.

What is faith? Faith is not just another point of view. Faith is a gift from God. Faith helps us to begin to see our lives and the world as God sees them.

A person of faith knows that there is more to life than can be seen. Through the eyes of faith, we know that God is near, closer than we can imagine, and that God is the source of all life.

Faith, of course, does not take the place of reason, personal experience, human searching, or learning from others. Faith builds on our human abilities and works through them. We know this from experience. Throughout history, we see that some of the most creative and talented artists, educators, and scientists have been people of faith.

Faith is like a key that unlocks many doors. Our faith shows us answers we would most often be unable to discover by ourselves.

What questions do you have about the meaning of life?

② Por la fe conocemos a Dios.

El ser humano siempre ha usado su razón para explicar que debe haber un poder superior trabajando en el mundo. Cuando nos miramos y miramos el universo a nuestro alrededor, nos damos cuenta de que algo tan maravilloso no pudo haberse creado por sí solo. El ser humano empieza a buscar una respuesta; busca a Dios.

En esta búsqueda, hace miles de años, el ser humano pensó que había encontrado la respuesta en la naturaleza. Algunos vieron sus dioses en el trueno, el relámpago o el rugir del temblor de tierra. Otros encontraron sus dioses en la luna, el sol o las estrellas.

Recordarán las fascinantes historias y mitos de las antiguas religiones griegas y egipcias. En ellas los dioses eran representados por animales o personas, cada uno encargado de una parte importante de la vida. Pero estas criaturas no eran el verdadero Dios. Ellas no satisfacían la búsqueda humana por un poder más alto, superior en el mundo.

La pregunta se mantiene: verdaderamente, ¿quién es Dios? La respuesta completa a esta pregunta sólo puede venir de Dios. Esto es lo que llamamos revelación divina. La palabra *divino* es usada para describir a Dios, algo que viene de Dios o es una expresión de Dios. La palabra *revelación* significa "el acto de dar a conocer algo o alguien". Por eso cuando Dios se da a conocer, llamamos esto **revelación divina**.

En un momento dado en la historia de la humanidad Dios quiso hacer una revelación especial al ser humano. Lo hizo por medio de los israelitas, los antiguos judíos. Por amor, Dios gradualmente se reveló a sí mismo y su plan por medio de palabras y obras. Algunas de las cosas que los israelitas supieron y creyeron de Dios fueron:

- Hay un solo y verdadero Dios, no muchos dioses.
- Dios no es parte de la naturaleza, Dios creó la naturaleza y todo lo que existe.
- Dios es amoroso y cuida de nosotros.
- Dios está trabajando activamente en el mundo y en nuestras vidas.
- Estamos llamados a tener una relación estrecha con Dios y a vivir como pueblo de Dios en el mundo.

¿Cómo tu fe te ayuda a descubrir a Dios en tu vida y el mundo?

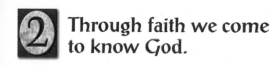

② Through faith we come to know God.

Human beings have always used their reason to know that there must be some higher power at work in the world. When we look at ourselves and the universe around us, we realize that something so wonderful could not have come into existence or have happened by itself. So human beings search for an answer. They search for God.

In this search people living many thousands of years ago thought they had found the answer in nature. Some people named the gods they thought were at work in the terrifying clap of thunder, the flash of lightning, or the rumble of an earthquake. Others found their gods in the sun, moon, and stars.

You may know some of the fascinating stories and myths of ancient religions, such as those of Egypt, Greece, and Rome. In those religions, the gods were often pictured as animals or even as people, each in charge of some important part of life. But these creature-like gods were not the one true God. They did not satisfy the human search for the higher power at work in the world.

The question still remained: Who really is God? The fullest answer to this question could only come from God. We call this Divine Revelation. The word *divine* is used to describe God, something that comes from God, or an expression of God. The word *revelation* means "the act of making someone or something known." This is why we call God's making himself known to us **Divine Revelation**.

At a chosen time in the history of the world, God wanted to make a special Revelation to human beings. He did this through the Israelites, the ancient Jews. Out of love God gradually revealed himself and his plan through words and deeds. Some of the things the Israelites came to know and believe about God were:

- There is only one true God, not many gods.
- God is not part of nature; he created nature and all that exists.
- God is a loving and caring God.
- God is active in the world and in our lives.
- We are called into a close relationship with God and called to live as God's people in the world.

How does faith help you discover God in your life and in the world?

Además de esto los católicos también creemos que Dios nos ofreció su total y completa revelación en Jesúcristo, su Hijo. Jesúcristo, el Hijo de Dios, nos muestra que Dios es Padre, Hijo y Espíritu Santo. Nuestra respuesta a esta revelación es fe.

Fe es el don de Dios que nos permite creer en Dios, aceptar todo lo que él ha revelado y todo lo que la Iglesia propone para nuestra fe. No podemos ganar la fe. Es el don que Dios nos da. Por la fe, podemos creer lo que Dios nos ha compartido a propósito de su propio ser y de su creación. Aunque Dios se revela a sí mismo, permanece un misterio para nosotros.

La fe es también un acto y una elección personal, una respuesta libre a la revelación de Dios mismo y de su amor por nosotros.

Nuestra fe es la fe de la Iglesia. Como no vivimos solos, tampoco creemos solos. Tratamos de vivir como personas de fe, especialmente rezando y adorando a Dios. También respondemos a Dios viviendo nuestra fe y haciendo lo que él nos pide, preocupándonos por nosotros, por otros y por el mundo a nuestro alrededor.

¿Sabías?

Dios se revela a sí mismo por medio de la Escritura y la Tradición. **Tradición** es la transmisión viva de la palabra de Dios como fue entregada a los apóstoles y sus sucesores, por Jesucristo y el Espíritu Santo. Esta incluye las enseñanzas de la Iglesia, documentos, ritos, oraciones y otras devociones.

We believe these things, too. But as Catholics we also believe that the one true God offered us his complete and full Revelation in Jesus Christ, his Son. Jesus Christ, the Son of God, shows us that God is Father, Son, and Holy Spirit. Our response to this Revelation is faith.

Faith is the gift from God by which we believe in God and all that he has revealed, and all that the Church proposes for our belief. We cannot earn faith. It is God's gift to us. By faith we can believe what God has shared about himself and his Creation. Yet even though God reveals himself, he remains a mystery.

Faith is also a personal act and a choice, a free response to God's Revelation of himself and his love for us.

Our faith is the faith of the Church. Just as we do not live alone, we do not believe alone. We try to live as persons of faith, especially by turning to God in prayer and worship. We also respond to God by living our faith and doing what he asks of us, taking care of ourselves, others, and the world around us.

Do YOU Know?

God reveals himself to us through Scripture and Tradition. **Tradition** is the living transmission of the Word of God as entrusted to the Apostles and their successors by Jesus Christ and the Holy Spirit. It includes the Church's teachings, documents, worship, prayers, and other practices.

En la Biblia leemos sobre la relación de Dios con nuestros antepasados en la fe.

Los antiguos israelitas eran un pueblo nómada. Su estilo de vida no le daba tiempo para escribir su relación especial con Dios, o sea lo que Dios le había revelado. Documentos escritos no formaban parte de su cultura y su forma de vida. Ellos se pasaron sus historias de fe por medio de la tradición oral, contando con palabras y en canciones todo lo que Dios había hecho por ellos.

Después de muchos siglos, los israelitas finalmente escribieron las tradiciones orales que habían sido pasadas de generación en generación. Creemos que aunque los autores escogieron sus palabras, expresiones e historias, escribieron bajo la guía del Espíritu Santo. **Inspiración divina** es la guía especial que el Espíritu Santo da a los autores humanos de la Biblia.

Estos escritos fueron eventualmente recogidos en el libro que llamamos la **Biblia** o Escritura. La Biblia es el recuento escrito de la revelación de Dios y su relación con su pueblo. La palabra *Biblia* viene del griego y significa "libros". En realidad, la Biblia es una colección de setenta y tres libros dividida en dos partes principales:

- El **Antiguo Testamento** que contiene cuarenta y seis libros, en ellos leemos acerca de la relación de fe entre Dios y los israelitas, quienes fueron luego llamados judíos.

- El **Nuevo Testamento** contiene veinte y siete libros. Ellos nos hablan de Jesucristo, el Hijo de Dios, su mensaje, su misión y sus primeros seguidores.

La Biblia fue escrita durante muchos siglos y tiene muchos autores humanos, todos inspirados por Dios. Como Dios inspiró a los autores humanos él es también el autor de la Biblia. Es por esto que toda la Escritura es la palabra de Dios. Los católicos tenemos un profundo respeto por la Biblia porque es la palabra de Dios para nosotros. La Biblia es un libro de fe. No puede ser leído como un libro de ciencia o de historia. Es nuestro libro más sagrado.

Los autores humanos de la Biblia usaron muchas formas y estilos diferentes para escribirla, incluyendo historias cortas, cuentos, poemas, cartas y parábolas. Como la Biblia fue escrita hace tanto tiempo y en diferentes estilos, necesitamos tiempo para estudiarla cuidadosamente. Conocer la experiencia de los autores humanos, la cultura de sus tiempos y las diferentes formas y estilos literarios nos ayudan a entender mejor la palabra de Dios.

Creer en la palabra de Dios es parte vital de lo que significa ser católico y compartir la belleza de la vida de fe y la tradición de nuestra Iglesia. Lo que Dios hizo por nuestros antepasados en la fe también lo hace por nosotros.

¿Qué es la Biblia? ¿Por qué es importante para nosotros?

In the Bible we read about God's relationship with our ancestors in faith.

The ancient Israelites were a nomadic people. Their wandering lifestyle did not allow them the time to record their special relationship with God or what God had revealed to them. Written documents were not even a part of their culture or way of life. But by word of mouth they passed on beautiful stories of faith, recounting in word and song all that God had done for them.

After many centuries the Israelites finally wrote down the oral traditions that had been passed from generation to generation. While the ancient authors chose their own words, expressions, and stories, they wrote under the guidance of the Holy Spirit. We call the special guidance that the Holy Spirit gave to the human authors of the Bible **Divine Inspiration**.

These writings were eventually collected in the book we call the **Bible**, or Scripture. The Bible is the written account of God's Revelation and his relationship with his people. The word *Bible* comes from Greek words meaning "books." The Bible is actually a collection of seventy-three smaller books divided into two main parts:

- The **Old Testament** contains forty-six books. In them we read about the faith relationship between God and the Israelites, later called the Jews.
- The **New Testament** contains twenty-seven books. They are about Jesus Christ, the Son of God, his message and mission, and his first followers.

The Bible was written over many centuries and had many human authors, all inspired by God. Because God inspired the human authors, he is also the author of the Bible. This is why all Scripture is the Word of God. Catholics have deep respect for the Bible because it is God's Word to us. The Bible is a book about faith. It cannot be read as a science book or a modern history book. It is our most sacred book.

The human authors of the Bible used many different forms and styles of writing, including short stories, history, poetry, letters, and parables. Because the Bible was written so long ago and in so many different styles, we need to take time to study it carefully. Knowing the background of the human authors, the culture of the times, and the different forms and styles of writing helps us to better understand God's Word.

Belief in God's Word is a vital part of what it means to be a Catholic and to share in the beautiful faith life and tradition of our Church. What God did for our ancestors in faith, he continues to do for us.

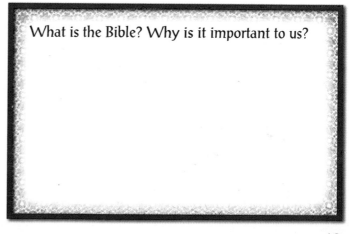

What is the Bible? Why is it important to us?

CRECIENDO EN LA FE

ORACION

Como pueblo de fe, nos dirigimos a Dios en oración. **Orar** es hablar y escuchar a Dios. Podemos orar solos o nos unimos a otros en oración comunitaria. Alabamos y damos gracias a Dios por el regalo de nuestras vidas, también pedimos ayuda a Dios porque confiamos en su amor. Oremos:

> ✝ Señor, yo creo que tú eres el Cristo,
> el Hijo de Dios vivo,
> que has dicho:
> "Todo es posible para los que tienen fe".
> Fe tengo, ayúdame en lo que me falte. Señor,
> aumenta mi fe. Amén.

REFLEXIONA Y ACTUA

La fe debe ser viva. No podemos sólo hablar de lo que creemos, debemos vivirlo.

¿Qué hacen las personas de fe diferente a las que no tienen fe? ¿Qué puedes hacer para que tu fe crezca y abra tu mente y corazón a Dios?

RECUERDA

la Iglesia enseña que:

- ◉ por amor Dios se ha revelado y se ha dado a nosotros. El comparte con nosotros quien es y lo que desea de nosotros.

- ◉ la fe es un don dado por Dios y un acto humano libre.

- ◉ por medio de la fe y la razón tenemos la habilidad de creer en todo lo que Dios nos revela y responder a Dios.

- ◉ los libros de la Biblia fueron escritos por autores humanos bajo la inspiración del Espíritu Santo.

- ◉ la Biblia está dividida en dos partes, el Antiguo Testamento, cuarenta y seis libros y el Nuevo Testamento, veinte y siete libros.

Vocabulario

revelación divina (pag. 8)
fe (pag. 10)
Tradición (pag. 10)
inspiración divina (pag. 12)
Biblia (pag. 12)
Antiguo Testamento (pag. 12)
Nuevo Testamento (pag. 12)
Orar (pag. 14)

Piensa en alguien a quien conoces y en quien confías. ¿Qué le preguntarías sobre su fe y el papel de esta en su vida?

GROWING IN FAITH

PRAY

As people of faith we turn to God in prayer. **Prayer** is talking and listening to God. We can pray alone, or we can join with others in communal prayer. In praising and thanking God for the gift of our lives, we also ask God for help because we trust in his love. Pray together:

✝ God be in my head,
and in my understanding;
God be in my eyes, and in my looking;
God be in my mouth, and in my speaking;
God be in my heart, and in my thinking;
God be in my end, and at my departing.

REFLECT & ACT

Faith must be alive! We cannot just talk about what we believe. We must live it.

What do people of faith do that is different from those who do not have faith? What can you do to grow in faith, to open your mind and heart to God?

REMEMBER

The Church teaches...

◎ Out of love, God has revealed himself and given himself to us. He has shared with us who he is and what he asks of us.

◎ Faith is both a gift from God and a free human act.

◎ Through faith and reason we have the ability to believe all that God reveals to us and to respond to God.

◎ The books of the Bible were written by human authors under the inspiration of the Holy Spirit.

◎ The Bible is divided into two parts, the Old Testament of forty-six books and the New Testament of twenty-seven books.

Faith Words

Divine Revelation (p. 9)
faith (p. 11)
Tradition (p. 11)
Divine Inspiration (p. 13)
Bible (p. 13)
Old Testament (p. 13)
New Testament (p. 13)
prayer (p. 15)

Think of someone you know and trust. What questions would you ask that person about their faith and the role faith has played in his or her life?

Dios creador

En su libro <u>Brother Astronomer: Adventures of a Vatican Scientist</u>, Guy Consolmagna, S. J., escribió que lo que le ha dado fe no son los misterios de las diferentes teorías sobre la creación, sino la revelación, una y otra vez, de un patrón en la creación. También afirma que empezó a apreciar con mayor intensidad la personalidad del creador.

¿Qué preguntas tienes sobre la creación, la fe y el significado de la vida?

God the Creator

In his book <u>Brother Astronomer: Adventures of a Vatican Scientist</u>, Guy Consolmagna, S.J., wrote, "The mysteries of the quantum or the grandeur of the big bang aren't what give me faith. But as I see the pattern of creation unfolding . . . I begin to get a closer appreciation of the personality of the Creator."

What questions do you have about Creation, faith, and the meaning of life?

1 Dios es el creador del universo.

Toda generación, jóvenes y viejos, tienden a preguntarse acerca del origen del universo: ¿de dónde vino? ¿Cómo empezó? ¿Cómo llegó a ser?

Científicos, historiadores, filósofos y creyentes han intentado explicar el origen del universo. Estudiosos de diferentes disciplinas han hecho contribuciones específicas y verdaderas para nuestro entendimiento del origen del universo. La búsqueda ha planteado más preguntas aún.

Los que trabajan en el área científica y de las ciencias sociales tratan de contestar importantes preguntas tales cómo y cuándo nuestro mundo empezó. A través de los siglos la tecnología ha avanzado, nuestras teorías científicas sobre la creación han cambiado y se han adaptado. Nuestro conocimiento ha crecido.

La gente no sólo pregunta "cómo" y "cuándo", también pregunta "a quién" y "por qué". ¿Quién creó el universo? ¿Por qué fue creado? Los científicos se preguntan de dónde venimos. Como pueblo de fe también preguntamos por qué estamos aquí y hacia dónde vamos. Estas preguntas sólo pueden ser contestadas en fe.

En el libro del Génesis, el primer libro de la Biblia, encontramos una hermosa e imaginativa historia de la creación. Esta historia de la creación, sobre el inicio del universo, es simple y poética. En la primera historia del Génesis leemos que Dios creó el mundo en forma espectacular en seis días, tiempo correspondiente a una semana en el antiguo pueblo de Israel. Los autores del Génesis muestran que Dios es el único creador de todo. Dios empezó creando la luz. "¡Qué haya luz!" (Génesis 1:3). Sin mucho esfuerzo—por el poder de su palabra—Dios hizo la luz.

Después, de acuerdo al Génesis, Dios hizo la bóveda de los cielos—el cielo. Reunió las aguas debajo del cielo haciendo aparecer la tierra. Y "A la parte seca Dios la llamó 'tierra', y al agua que se había juntado la llamó 'mar'. Al ver Dios que todo estaba bien. . ." (Génesis 1:10). El séptimo día, al final de la semana, los autores del Génesis muestran a Dios descansando, de la misma forma que los ancianos israelitas al terminar sus labores.

God is the Creator of the universe.

Every generation of people, young and old alike, tends to ask questions about the origin of the universe: Where did it come from? When did it start? How did it come into existence?

Scientists, historians, philosophers, and religious believers have all attempted to explain the origin of the universe. Scholars in many different areas of study have made

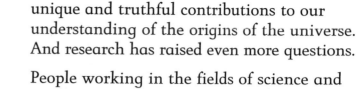

unique and truthful contributions to our understanding of the origins of the universe. And research has raised even more questions.

People working in the fields of science and social studies try to answer important questions about how and when our world came into being. Over the centuries, as technology has advanced, our scientific theories about Creation have changed. Our knowledge has expanded.

But people do not just ask how and when. They also ask who and why: Who created the universe? Why was it created? Scientists ask where we came from, but as people of faith we also ask why we are here and where we are going. These questions can only be answered in faith.

In the Book of Genesis, the first book of the Bible, we find a beautiful and imaginative account of Creation. The Creation story is a simple, poetic story of the beginning of the universe. We read in the first Genesis account that God fashions the world in a spectacular way over a six-day period, the length of the ancient Israelites' workweek. The authors of Genesis show that God alone created everything. He begins by creating light. "Let there be light," he says (Genesis 1:3). And effortlessly—by the power of his word—God brings light into being.

Then, according to Genesis, God made the dome of the heavens—the sky. He gathered together the waters under the sky, causing dry land to appear. And "God called the dry land 'the earth,' and the basin of the water he called 'the sea.' God saw how good it was" (Genesis 1:10). On the seventh day, at the end of the workweek, the Genesis authors showed God doing just what the ancient Israelites did: resting after his labors.

En esta descripción de la creación podemos ver que los autores del Génesis no tratan de contestar preguntas científicas sino de fe. Por ejemplo, la palabra *día* no significa literalmente veinticuatro horas. Los siete días de la creación son simplemente el marco dentro del cual los autores cuentan la historia.

Inspirados por Dios y por la abundancia y majestad del mundo que ellos vieron a su alrededor, los autores desearon enseñar algunas verdades importantes de fe:

- Hay un sólo Dios.
- Sólo Dios creó todo lo que existe.
- Dios creó el mundo y todo en él es bueno.
- Dios creó el mundo para su gloria, por amor y sabiduría y libremente.
- Por las cosas que Dios ha hecho sabemos que él es todo poder, todo amor, toda creatividad y toda bondad.

Nuestra fe nos ayuda a ver otra verdad importante sobre la creación. La creación es el trabajo de Dios Padre, Dios Hijo y Dios Espíritu Santo. La creación sigue existiendo debido al Padre, su Palabra—el Hijo, y el dador de vida, el Espíritu Santo.

> La historia de la creación es maravillosa. Reflexiona en ella. ¿Cómo te ayudará a entender la existencia del universo?

2 Dios es el creador de toda vida.

En la imaginativa historia de la creación del Génesis, leemos que Dios creó toda vida: plantas, árboles, peces y aves, animales de todo tipo. Finalmente creó a los humanos a su imagen y semejanza: "Cuando Dios creó al hombre, lo creó parecido a Dios mismo; hombre y mujer los creó" (Génesis 1:27).

Ninguna otra criatura es creada a imagen de Dios. La humanidad es la cúspide de la creación.

Todos tenemos **dignidad humana**, que es el valor que compartimos porque Dios nos creó a su imagen y semejanza. Por eso cada uno de nosotros posee un **alma** inmortal, realidad espiritual invisible que nunca morirá y que nos hace humanos. Sólo los humanos son capaces de conocerse, entenderse y entender sus pensamientos, sentimientos y motivaciones. Sólo los humanos pueden conocer y amar a Dios y compartir su vida.

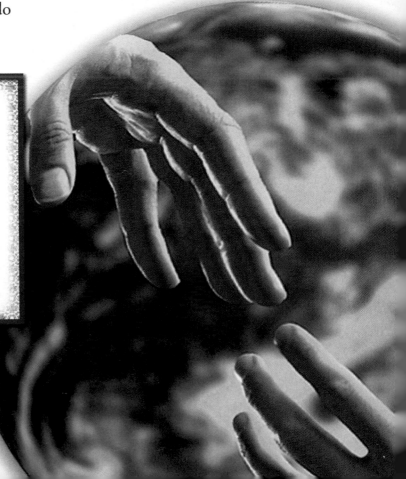

From their description of Creation, we can see that the Genesis authors were not trying to answer questions of science, but questions of faith. For example, the word *day* found in the Creation account does not literally mean twenty-four hours. The seven days of Creation are simply the framework within which the Genesis authors tell the story.

Inspired by God and by the beauty and majesty of the world they saw around them, the authors wished to teach some important truths of faith:

- There is one and only one God.
- God alone created everything that is.
- God created the world and everything in it good.
- God created the world for his glory, out of his love and wisdom, and by his free choice.
- From the things God has made we can learn that he is all-powerful, all-loving, all-creative, and all-good.

Our faith helps us to know an equally important truth about Creation. It is that Creation is the work of God the Father, God the Son, and God the Holy Spirit. And Creation is kept in existence by God the Father, his Word—the Son, and the giver of life, the Holy Spirit.

The Creation story is a wonderful one. Reflect on it. How does it help you to understand the existence of the universe?

 ## God is the Creator of all life.

In the imaginative account of Creation in the Book of Genesis, we read that God created all life: plants and trees, fish and birds, animals of every kind. Then, finally, God created humans, and made them in his own image and likeness: "in the divine image he created him; male and female he created them" (Genesis 1:27).

No other creature or thing is made in the image of God. We are the crowning achievement of his Creation.

We all have **human dignity** which is the value and worth we share because God created us in his image and likeness. Because of this, each of us possesses an immortal **soul**, the invisible spiritual reality that makes each of us human and that will never die. Only human beings are capable of knowing and understanding themselves and their thoughts, feelings, and motivations. Only human beings can know and love God, and thus share in his life.

Dios nos ha llamado a cada uno a tener una estrecha relación con él y somos capaces de responder con fe y amor.

Una manera significativa en que los israelitas respondieron a su creador fue orando. En el Antiguo Testamento encontramos los salmos que es una colección de oraciones. Este libro tiene muchas referencias a Dios como el creador de todo y del ser humano como creación especial de Dios, como leemos en los salmos:

Cuando veo el cielo que tú mismo hiciste,
   y la luna y las estrellas que pusiste en él,
      pienso:
      ¿Qué es el hombre?
      ¿Qué es el ser humano?
      ¿Por qué lo recuerdas y te preocupas
      por él?
Pues lo hiciste casi como un dios,
lo rodeaste de honor y dignidad,
le diste autoridad sobre tus obras,
lo pusiste por encima de todo.
Salmo 8:3–6

Sólo a nosotros se nos ha dado este regalo de dignidad humana y por ello somos libres de amar, pensar y escoger a imagen de Dios. Dios nos ha dado la libertad de escoger, esto es llamado libre arbitrio. Somos responsables de nuestras ideas y acciones. Ser creados a imagen y semejanza de Dios ofrece a cada uno un tremendo reto.

¿Sabías?

En las páginas de la Biblia, en el Antiguo y el Nuevo Testamento, hay referencias a los ángeles o mensajeros de Dios; de hecho, la palabra *ángel* viene del griego que significa "mensajero". Los ángeles fueron creados por Dios como espíritus puros, sin cuerpos físicos. Al leer la Biblia nos damos cuenta de que los ángeles son servidores de Dios que lo ayudan a llevar a cabo su misión de salvación. La Iglesia enseña que los ángeles nos protegen y rezan por nosotros.

Explica lo que significa para ti ser creado a imagen y semejanza de Dios.

God calls each of us to a relationship with him, and we are able to respond in faith and love.

One significant way that the Israelites responded to their Creator was in prayer. A collection of these prayers, known as psalms, is contained in the Old Testament. The Book of Psalms contains many references to God as the Creator of everything, and to men and women as God's special Creation. We read in the psalms:

> When I see your heavens, the work
>   of your fingers,
>   the moon and stars that you set
>   in place—
> What are humans that you are mindful
>   of them,
>   mere mortals that you care for them?
> Yet you have made them little less than a
>   god,
>   crowned them with glory and honor.
> Psalm 8:4–6

We alone have been given this gift of human dignity. Because of it we are free to love, to think, and to choose in God's likeness. God gives us the freedom to choose. This gift is called free will. We are responsible for our thoughts and actions. Being made in the image and likeness of God offers each of us a tremendous challenge.

Explain what it means to you to be made in the image and likeness of God.

Do YOU Know?

Throughout the pages of the Bible, in both the Old and New Testaments, there are references to angels, or messengers from God. In fact, the word *angel* comes from the Greek word meaning "messenger." Angels were created by God as pure spirits without physical bodies. As you read the Bible, you will learn that angels are servants of God that help him to accomplish his mission of Salvation. The Church teaches that the angels watch over us and pray for us.

Dios nos llama a participar en el trabajo de la creación.

La vida es un regalo. En forma maravillosa Dios creó al hombre y a la mujer como sus socios y compañeros iguales.

Puede que te sorprenda saber que en el libro de Génesis, capítulos dos y tres, hay otra historia de la creación. En esta los autores introducen a Adán y Eva como los primeros humanos. Ellos representan a toda la humanidad. Los autores del Génesis nos narran que Dios dijo a Adán y Eva: "Tengan muchos, muchos hijos; llenen el mundo y gobiérnenlo; dominen a los peces y a las aves, y a todos los animales que se arrastran" (Génesis 1:28). Estas palabras nos ayudan a entender que Dios nos invita a todos a unirnos en sociedad en el trabajo y el cuidado de la creación.

Dios nos manda a cuidar de la creación. Dios nos pide ser **co-responsables de la creación**—cuidar de la creación y asegurarse de que todo el mundo comparta la bondad de la creación. Dios hizo la tierra, el aire y el agua para el uso de todas las criaturas. Como administradores de la creación somos responsables de proteger todos los recursos de la tierra de la destrucción, la contaminación y cualquier desperdicio. Para ser administradores con Dios debemos desarrollar y usar nuestros talentos y habilidades. Debemos mejorar nuestro mundo, conservando sus recursos y compartiendo lo que Dios nos ha dado para hacer un mejor mundo para todos.

La creación de Dios es una verdadera maravilla. El trabajo de la creación no ha terminado, Dios nos llama de muchas formas para ayudarle en el trabajo de la creación. Podemos estudiar agricultura y aprender a sembrar mejores semillas para satisfacer el hambre mundial. Podemos plantar árboles para preservar la foresta mundial. Podemos construir maquinarias para filtrar agua y mantener nuestros ríos y océanos limpios. Podemos explorar la superficie de la tierra, las profundidades de los océanos y el vasto espacio para buscar cosas que beneficien a toda la humanidad. Al actuar diariamente en favor de la tierra damos a conocer la gloria de Dios a toda la creación.

> Piensa en formas en que puedes colaborar con Dios en el trabajo de la creación. Comparte tus ideas.

God calls us to share in the work of Creation.

Life is a gift. In a wondrous way, God created us male and female, partners with God and equal partners with each other.

You may be surprised to learn that in the Book of Genesis, chapters two and three, there is a second account of Creation. In this story about Creation, the Genesis authors introduce Adam and Eve as the first human beings. They represent all humanity. The authors of Genesis tell us that God spoke to Adam and Eve, saying, "Be fertile and multiply; fill the earth and subdue it. Have dominion over the fish of the sea, the birds of the air, and all the living things that move on the earth" (Genesis 1:28). These words help us to understand that God invites all of us to join him as partners in the work of and care for Creation.

God entrusted us with the care of Creation. God asks us to be **stewards of Creation**—to care for his Creation and to make sure that all people share in the goodness of Creation. God made the earth, the air, and the water for all his creatures to use. As God's stewards it is our responsibility to protect all the resources of the earth from destruction, pollution, or any sort of waste. To be effective partners with God, we must develop and use our talents and abilities. By improving our world, conserving its resources, and sharing what God has given us, we build a better life for all.

God's Creation is truly a wonder. But the work of Creation is not finished, and God calls us in many ways to assist him in his work of Creation. We can study agriculture and learn to sow better crops to feed the world's hungry. We can plant new trees to preserve the world's forests. We can build devices to filter water to keep our rivers and oceans clean. We can explore the surface of the earth, the depths of the oceans, and the vastness of space in search of things to benefit all humanity. By carrying out daily acts of stewardship, large and small, we make the glory of God's name known throughout all Creation.

> Think of ways that you can be a partner with God in the work of Creation. Share your ideas.

CRECIENDO EN LA FE

ORACION

La palabra *amén* es una palabra hebrea que significa "es verdad" o "así sea". En la misa y en todas nuestras oraciones decimos "amén" cuando mostramos que estamos de acuerdo con lo que se ha dicho. Recen juntos la siguiente oración:

✝ Bendito seas Señor, oh Dios,
creador del universo.
Quien ha hecho todas las cosas buenas
y nos ha dado la tierra para cultivarla.
Permite que podamos usar la creación
con agradecimiento y compartamos
nuestros dones con los necesitados,
por amor a Cristo nuestro Señor,
quien vive y reina contigo por los siglos
de los siglos.
Amén.

REFLEXIONA Y ACTUA

Los autores del libro del Génesis nunca soñaron que nosotros íbamos a tener tanto conocimiento sobre nuestro mundo. Ellos no tenían la menor idea de cuanto sabríamos sobre el espacio y del maravilloso mundo microscópico de la célula. Pero la lección de fe que ellos enseñaron continúa siendo verdadera.

¿Qué de la creación te dirige a pensar en Dios? ¿Hay algún momento del día en que especialmente tengas conciencia del poder creador de Dios?

RECUERDA
la Iglesia enseña que:

◎ Dios creó el universo. Que la teoría científica de que el mundo se formó gradualmente durante millones de años es compatible con la enseñanza de la Iglesia. Que la ciencia y la religión comparten la búsqueda de la verdad.

◎ Dios creó todas las criaturas, sin embargo, el ser humano tiene un lugar especial en la creación. Que Dios creó a cada persona a su imagen con un alma inmortal.

◎ por la creación nos damos cuenta de que Dios es todopoderoso, todo amor, toda creatividad y toda bondad.

◎ Dios nos hizo administradores de la creación y somos llamados a respetar y proteger todas las criaturas de Dios y el ambiente.

◎ el don de la fe nos ayuda a ver que Dios es la fuente de toda creación.

Vocabulario

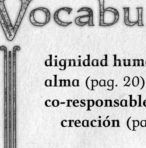

dignidad humana (pag. 20)
alma (pag. 20)
co-responsables de la creación (pag. 24)

¿Cómo puede la gente trabajar para proteger y preservar el ambiente? Sugiere algunas actividades para ayudar a tu parroquia, tu escuela o tu vecindario a involucrarse en el cuidado de la creación.

GROWING IN FAITH

PRAY

The word *Amen* is a Hebrew word meaning "It is true!" or "So be it!" In the Mass and in all prayers, when we say "Amen" we are showing our agreement with what is being said. Pray together the following prayer.

✝ Blessed are you, O God,
Creator of the Universe,
who have made all things good
and given the earth for us to cultivate.
Grant that we may always use created
things gratefully
and share your gifts with those in need,
out of love of Christ our Lord,
who lives and reigns with you
for ever and ever.
Amen.

REFLECT & ACT

The authors of the Book of Genesis never could have dreamed that we would know as much about our world as we do today. They had no idea of the vast reaches of outer space or the marvelous microscopic world of the cell. But the lessons of faith they taught are still true.

What is it about Creation that leads you to think about God? Is there any time of the day that you are especially aware of God's creative power?

REMEMBER
The Church teaches...

◎ God created the universe. The scientific theory that the world was gradually formed over millions of years is compatible with Church teaching. Science and religion are partners in the search for truth.

◎ God made all the creatures of the universe, but human beings have a unique and special place in his Creation. God has created each person in his image with an immortal soul.

◎ From the things God has made we can learn that he is all-powerful, all-loving, all-creative, and all-good.

◎ God made us stewards of Creation, and we are called to respect and protect God's creatures and the environment.

◎ The gift of faith helps us to know that God is the source of all Creation.

Faith Words

human dignity (p. 21)
soul (p. 21)
stewards of Creation (p. 25)

How can people work together to protect and preserve the environment? Suggest some activities to help your parish, school, or neighborhood get involved in the care of Creation.

La caída y la promesa

Nuestro mundo está lleno de personas, lugares y cosas que nos recuerdan la bondad de Dios. Con sus obras, pensamientos y creencias, la gente puede escoger ser bueno y hacer el bien. Sin embargo, el mal y el sufrimiento existen y la gente sufre debido a las malas acciones de otros.

¿Te has preguntado alguna vez si el mundo fue siempre así? ¿Por qué crees que existen el mal y el sufrimiento?

The Fall and the Promise

Our world is filled with people, places, and things that remind us of God's goodness. By their actions, thoughts, and beliefs, people choose to be and do good. However, evil and suffering do exist, and people suffer because of the evil actions of others.

Have you ever wondered if the world was always like this? Why do you think suffering and evil exist?

29

1 El mal y el sufrimiento entraron al mundo por una decisión humana.

No tenemos que vivir mucho tiempo para darnos cuenta que, a pesar de que la vida está llena de esperanza y gozo, la pena y la desdicha también forman parte de ella. Los humanos sufren los efectos del odio, la avaricia y el egoísmo. Los diarios están llenos de noticias violentas, de sufrimiento y muerte generalmente generadas por el ser humano.

La vida es una mezcla de lo bueno y lo malo. La gente tiene grandes esperanzas; puede que tenga desiluciones. La gente conoce la felicidad pero también experimenta el sufrimiento.

¿Por qué la vida es hermosa y trágica? Los autores del Génesis se hicieron la misma pregunta. Como respuesta, los autores inspirados por Dios trataron de explicar el origen del mal en el mundo. Los autores del Génesis quisieron enseñarnos que el mal ha sido parte de la experiencia humana desde el principio.

En la segunda historia de la creación del Génesis, la primera mujer y el primer hombre, conocidos como Adán y Eva, vivían y cuidaban de un hermoso jardín, que era un regalo de Dios para ellos. Adán y Eva no sufrían. Ellos no se sentían solos, no tenían pena ni dolor. Vivían en armonía con Dios, con ellos mismos y con la creación. Los autores del Génesis querían mostrar que Dios había creado la humanidad para vivir en amistad con él y en armonía con toda su creación.

Dios les dijo: "Puedes comer del fruto de todos los árboles del jardín, menos del árbol del bien y del mal. No comas del fruto de ese árbol, porque si lo comes, ciertamente morirás" (Génesis 2:16–17).

1 Evil and suffering entered the world through human choice.

We do not have to live very long to know that while life is filled with hope and joy, pain and disappointment are also part of life. Humans suffer from the effects of hatred, greed, and selfishness. The daily news is filled with reports of violence, suffering, and death, often brought about by human beings themselves.

Life is a mixture of good and bad. People may have high hopes; they also may have shattered dreams. People know happiness; they also experience sorrow.

Why is life both beautiful and tragic? The writers of the Book of Genesis asked the same puzzling question. As an answer, the authors, whom God inspired, tried to explain the origins of evil in the world. The Genesis authors wanted to teach us that evil has been part of the human experience since the very beginning.

In the second Creation account found in Genesis, the first man and woman, known as Adam and Eve, lived in and cared for a beautiful garden. The garden was God's gift to them. Adam and Eve did not suffer. They did not experience loneliness, pain, or worry. They lived in harmony with God, with each other, and with all of God's Creation. The Genesis authors wanted to show that God had created human beings to be in friendship with him, and in harmony with all of his Creation.

In the story God told Adam, "You are free to eat from any of the trees of the garden except the tree of knowledge of good and bad. From that tree you shall not eat; the moment you eat from it you are surely doomed to die" (Genesis 2:16–17).

Entonces apareció el espíritu del demonio. Disfrazado de serpiente le preguntó a la mujer si Dios les había prohibido comer el fruto de algún árbol. La mujer le contestó que Dios les había dicho que podían comer de todos los árboles menos del que se encontraba en medio del jardín. Que si comían o tocaban el fruto del árbol morirían. La serpiente aseguró a la mujer que ella no moriría si comía del fruto. De hecho, la serpiente prosiguió, tan pronto como ella y su compañero comieran del fruto, serían como Dios y sabrían lo que era bueno y lo que era malo.

La mujer vio lo hermoso que era el árbol, lo deliciosa que parecía la fruta. Pensó en lo bueno que sería ser como Dios. Así que tomó la fruta y comió de ella. Después dio de comer a Adán.

Al hacer esto Adán y Eva rechazaron el maravilloso regalo que Dios les había dado. Con sus propias acciones escogieron el mal en vez del bien. Los autores del Génesis muestran que el mal y el sufrimiento entraron a nuestro mundo porque los humanos desobedecieron a Dios. El hombre y la mujer rompieron la amistad que Dios les había dado y perdieron el derecho a estar en el jardín. Los autores muestran esto cuando Dios saca a la pareja del Jardín.

¿Qué crees que hizo a los primeros humanos tomar esa decisión?

Then the spirit of evil appeared. Disguised as a serpent, it spoke first to the woman, asking her whether God had really told her not to eat from any of the trees in the garden. The woman replied that God had told them they could eat the fruit of any tree except the tree in the middle of the garden. If they ate or touched the fruit from that tree, they would die. The serpent assured her that she would not die if she ate the fruit. In fact, the serpent said, as soon as she and Adam ate the fruit they would be like God and know what is good and what is bad.

The woman saw how beautiful the tree was and imagined how delicious its fruit would be to eat. She thought about how wonderful it would be to become like God. So she took the fruit and ate it. Then she gave some to Adam and he ate it, too.

By doing this, Adam and Eve rejected the wonderful gifts that God had given them. Through their own actions they chose evil over good. The Genesis authors wanted to show that evil and suffering had entered into our world through the human choice to disobey God. The man and the woman had broken their friendship with God and had lost the right to be with him in the garden. The authors showed this by having God send the couple away from the garden.

What do you think led the first humans to make the choice they did in this story?

33

Todos sufrimos los efectos del pecado original.

La historia de Adán y Eva enseña varias verdades importantes de fe. Es el tipo de historia dramática fácil de recordar y entender por los antiguos israelitas. Está construida sobre símbolos muy familiares para ellos.

Los autores del Génesis querían mostrar el amor de Dios por los primeros humanos al colocarlos en un jardín lleno de plantas, árboles frutales, agua. Para los israelitas, que habían vivido en el desierto, el jardín era un símbolo de felicidad y de la gracia de Dios. **Gracia** es participar o compartir en la vida y la amistad de Dios. El don gratis e inmerecido de la gracia nos introduce en la vida de la Santísima Trinidad y nos ayuda a responder al llamado de Dios de ser sus hijos.

El jardín no es el único símbolo en la historia de Adán y Eva. Los autores del Génesis también usan acciones y objetos como símbolos:

- Para los israelitas la serpiente es el símbolo del demonio. Los israelitas adoraban a un solo y verdadero Dios, pero sus vecinos paganos, sin embargo, adoraban serpientes.

- Escuchar que Adán y Eva escogieron comer del árbol prohibido ayudó a los israelitas a apreciar el poder humano para escoger entre el bien y el mal.

- Que Adán y Eva fueran sacados del jardín revela las consecuencias de separarnos de Dios y de perder la gracia de Dios.

La historia del jardín dramatiza lo estrecha que era la relación entre Dios y los humanos. También nos cuenta como se rompió esa relación.

Adán y Eva no respondieron con agradecimiento al amor de Dios. Cayeron en la tentación porque pensaron que su decisión les daría la felicidad. Adán y Eva se alejaron de Dios, egoístamente escogieron lo que querían en vez de lo que Dios quería para ellos. Esta historia relata el primer pecado cometido por los primeros humanos. Llamamos a este pecado, **pecado original**. Todos nacemos con el pecado original. Por ese pecado todos estamos inclinados a pecar y todos estamos sujetos a la ignorancia, el sufrimiento y la muerte. Los efectos del pecado original nos retan durante toda la vida.

Esta simple historia del Génesis ofrece una gran verdad acerca de nuestra relación con Dios y nuestra necesidad de regresar a la vida de gracia.

¿Qué es el pecado original?

All of us us suffer from the effects of Original Sin.

The story of Adam and Eve taught very important truths of faith. It was the kind of dramatic story that was easy for the ancient Israelites to remember and understand. It was built on symbols that were very familiar to them.

The Genesis authors wanted to show God's love for the first human beings by placing them in a garden filled with running water, lush plants, and trees filled with fruit. To the Israelites, who had been living in or near a desert, the garden was a symbol of happiness and of God's grace. **Grace** is a participation, or a sharing, in God's life and friendship. This free and undeserved gift of grace introduces us into the life of the Most Blessed Trinity and helps us to respond to God's call to become his children.

The garden is not the only symbol in the story of Adam and Eve. The Genesis authors used objects and actions as symbols as well:

- To the Israelites, the serpent was a symbol of evil. The Israelites worshiped only the one true God. Their pagan neighbors, however, often worshiped serpents.
- Hearing that Adam and Eve chose to eat the fruit of the forbidden tree helped the Israelites to appreciate the power they had as human beings to choose between good and evil.
- Adam and Eve's being sent out of the garden reflected the consequences of turning away from God and the loss of God's grace.

The story of the garden dramatizes how close the relationship is between God and humans. But it also tells us about the shattering of that relationship.

Adam and Eve did not respond gratefully or lovingly to God. They gave into temptation because they thought their choice would bring them happiness. Adam and Eve turned away from God, selfishly choosing what they wanted rather than what God wanted for them. This story depicts the first sin committed by the first human beings. We call this sin **Original Sin**. Every person is born with Original Sin. Because of Original Sin, each one of us is inclined to sin, and each of us is subject to ignorance, suffering, and death. The effects of Original Sin challenge us throughout life.

This simple story from Genesis offers much truth about our relationship with God and our need to be brought back into the life of grace.

What is Original Sin?

 Dios prometió enviar un salvador al mundo.

La historia de Adán y Eva no termina en desesperación. Termina con una nota de esperanza y misericordia. Los primeros autores del Génesis sabían que Dios nunca abandonaría a los humanos. En la historia Dios promete que el pecado y el mal no triunfarán y que los descendientes de Adán y Eva, algún día, triunfarán sobre el mal.

Los israelitas sabían que el camino a recorrer para volver a tener una relación de amor con Dios sería muy difícil. Aun cuando la gente siguiera pecando, Dios la perdonaría y nunca dejaría de amarla.

Cuando los israelitas se sintieron deprimidos y sin esperanzas, Dios les dio ánimo. Les enviaba personas especiales llamadas profetas para que hablaran en su nombre y les recordara que él no los había olvidado. Por medio de los profetas Dios llamó a Israel y a todas las naciones a creer en él. Dios prometió enviarles un Mesías, el Ungido, quien restauraría la relación entre Dios y su pueblo. Dios cumplió esta promesa enviándonos a Jesucristo, su Hijo.

Los primeros seguidores de Cristo lo identificaron como el "Nuevo Adán"—el Nuevo Hombre. Creyeron que Jesucristo era el Hijo de Dios quien vino al mundo y trajo la victoria sobre el mal y el pecado. Por su obediencia a Dios Padre y con su muerte Jesucristo salvó el mundo. Jesús nos volvió a la vida y al amor de Dios. Fe es nuestra respuesta a la salvación que Jesús ganó para nosotros.

El Nuevo Testamento nos explica la vida de Jesús, su muerte en la cruz y su resurrección. Con su sufrimiento, muerte y resurrección, Jesucristo nos salva del pecado y comparte la vida y el amor de Dios de manera humana. La Iglesia llama a este sufrimiento, muerte, resurrección y ascensión de Jesucristo **misterio pascual**, gran misterio de fe por el cual somos redimidos. Celebramos este gran misterio cada vez que nos reunimos para la celebración de la misa.

¿Cómo explicarías a una persona joven que Dios cumplió su promesa?

¿Sabías?

Algunos de los males que aún existen en el mundo son debidos a que la gente sigue escogiendo pecar. Es importante recordar que la Gracia de Dios puede fortalecernos para vencer el mal.

God promised to send the world a Savior.

The Genesis story of Adam and Eve did not end in despair. It ended on a note of hope and mercy. The inspired authors of Genesis knew that God would never abandon human beings. In the story God had promised that sin and evil would not triumph, that the offspring of Adam and Eve would one day win over evil.

The Israelites knew that the journey back to a full and loving relationship with God was going to be a difficult one. Even though people would still sin, God would forgive them and never stop loving them.

When the Israelites felt low and hopeless, God encouraged them. He sent special people called prophets to speak for him and to remind people that he had not forgotten them. Through the prophets, God called Israel and all nations to turn to him. He promised to send them the Messiah, the Anointed One, who would restore their relationship with God. God fulfilled his promise by sending his own Son to us.

Those who first followed Christ identified him as the "New Adam"—the new Man. They believed that Jesus Christ was the Son of God who came into the world and brought victory over evil and sin. Through his obedience to God the Father unto death, Jesus Christ became the Savior of the world. Through Jesus, we are restored to God's life and love. Faith is our necessary response to the Salvation that Jesus has won for us.

The New Testament tells us about the life of Jesus, his Death on the cross, and his being raised from the dead. Through his suffering, Death, and Resurrection, Jesus Christ saves us from evil and shares God's life and love in a human way. The Church calls the suffering, Death, Resurrection, and Ascension of Jesus Christ the **Paschal Mystery**; by this great mystery of faith we are redeemed. We celebrate this great mystery each time we gather for the celebration of the Mass.

How would you explain to a younger person that God fulfilled his promise?

Do YOU Know?

Some of the evil that continues to be present in our world exists because people still choose to sin. It is important to remember though that God's grace can strengthen each of us to overcome evil.

CRECIENDO EN LA FE

ORACION

Dios nos llama a ser, a existir y a encontrarlo en la oración. Cuando rezamos respondemos a esa llamada y elevamos nuestras mentes y corazones a Dios. En silencio reflexiona en la siguiente oración:

✝ **D**ios creador,
nos creaste a todos por amor.
Nos juzgas con justicia,
pero por tu misericordia nos redimiste, por tu
Hijo Jesucristo nuestro Señor.
Amén.

RECUERDA
la Iglesia enseña que:

- Dios creó a los humanos para que fueran sus amigos y vivieran en armonía unos con otros y con la creación.

- el pecado entró al mundo por decisión humana.

- el primer pecado cometido por los humanos es llamado pecado original. Todo ser humano nace con el pecado original y sufre sus efectos.

- Jesucristo es el "Nuevo Adán" quien obedientemente murió para salvarnos del pecado.

- Jesucristo cumplió la promesa de Dios y nos liberó para compartir la vida y el amor de Dios.

Vocabulario

gracia (pag. 34)
pecado original (pag. 34)
misterio pascual (pag. 36)

REFLEXIONA Y ACTUA

¿Qué evidencias de pecado original puedes ver hoy en los titulares de los periódicos? ¿Pueden evitarse esas situaciones?

¿Qué puedes hacer para aliviar el pecado y el mal en el mundo? ¿Qué acciones puedes tomar para compartir la creencia cristiana de que Jesús es un signo de esperanza?

Growing in Faith

PRAY

Just as God called us into being, he continually calls us to meet him through prayer. In prayer we respond to that call, and we raise our hearts and minds to God. Silently reflect on the following prayer:

✝ God our Creator,
You created all people out of love.
You judge us fairly and with justice,
but in mercy you redeem us
through Jesus Christ our Lord.
Amen.

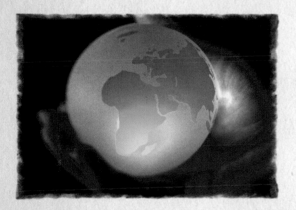

REMEMBER
The Church teaches...

◎ God created humans to be in friendship with him and in harmony with each other and with all Creation.

◎ Sin entered the world through human choice.

◎ The first sin committed by the first human beings is called Original Sin. Every human being is born with Original Sin and suffers from its effects.

◎ Jesus Christ is the "New Adam" whose obedience even to death saves us from sin.

◎ Jesus Christ fulfills all God's promises and frees us to share in God's life and love.

Faith Words

grace (p. 35)
Original Sin (p. 35)
Paschal Mystery (p. 37)

REFLECT & ACT

What evidence of Original Sin can you find in today's headlines and news stories? Could any of these situations have been avoided?

What can you do to lessen pain and evil in the world? What actions can you take to share the Christian belief that Jesus is a sign of hope?

La promesa cumplida

¿Qué crees que significa la frase
"Dios trabaja en forma misteriosa"?

The Promise Fulfilled

What do you think the phrase "God works in mysterious ways" means?

Dios nos envió a su único Hijo.

Durante muchos siglos Dios preparó al pueblo de Israel para cumplir sus promesas. Poco a poco reveló, por medio de las palabras de los profetas, algunas cosas sobre el prometido que debía venir. Los profetas contaron que el prometido sería alguien de la familia de David, el gran rey de Israel. Nacería en Belén y sería llamado el Ungido de Dios, el Mesías.

Conociendo el mensaje de los profetas, los primeros cristianos pudieron ver que en Jesucristo se cumplieron las palabras de los profetas. Los primeros cristianos predicaron la buena nueva. Algunos fueron inspirados por el Espíritu Santo para escribir sus creencias y experiencias en las páginas que hoy conocemos como el Nuevo Testamento.

En el Nuevo Testamento leemos que hace aproximadamente dos mil años Dios envió a un ángel a una joven judía que vivía en Nazaret. Su nombre era María y estaba comprometida para casarse con un joven llamado José. Después de saludarla el ángel le dijo: "María, no tengas miedo, pues tú gozas del favor de Dios. Ahora vas a quedar encinta: tendrás un hijo, y le pondrás por nombre Jesús. Será un gran hombre, al que llamarán Hijo del Dios altísimo" (Lucas 1:30–32).

Como María no había tenido relaciones con ningún hombre preguntó al ángel y este le dijo algo sorprendente: "El Espíritu Santo vendrá sobre ti, y el poder del Dios altísimo descansará sobre ti como una nube. Por eso, el niño que va a nacer será llamado Santo e Hijo de Dios" (Lucas 1:35). María aceptó totalmente lo que Dios quería de ella y dijo al ángel: "Yo soy esclava del Señor; que Dios haga conmigo como me has dicho" (Lucas 1:38).

Anunciación Fra Filippo Lippi, 1406–1469

La visita del ángel para anunciar a María que ella sería la virgen madre del Hijo de Dios es llamada **anunciación**. El "sí" de María es un ejemplo que debe inspirarnos a trabajar con su Hijo como ella lo hizo. Porque María es la madre de Dios y madre de la Iglesia, la llamamos Santísima Madre.

Lucas escogió narrar los eventos de la anunciación en los evangelios. Esta es una indicación importante de que los primeros cristianos creyeron que Dios había cumplido su promesa en forma inesperada. El prometido no era sólo un gran hombre, él era también Hijo de Dios.

¿Por qué crees que María respondió de la forma que lo hizo al mensaje de Dios? ¿Sería difícil para ti responder como lo hizo María? ¿Por qué?

God sent his only Son to us.

Over many centuries God prepared the people of Israel for the fulfillment of his promises. Little by little he revealed, through the words of the prophets, some insight into the Promised One to come. The prophets foretold that the Promised One would be from the family of David, the greatest king of Israel. He would be born in Bethlehem. He would be called God's Anointed One, the Messiah.

Why do you think Mary responded as she did to God's message? Would it be hard for you to respond as Mary did? Why or why not?

Knowing the message of the prophets, the first Christians could see that Jesus Christ fulfilled the prophets' words. The early Christians preached this Good News. Some were inspired by the Holy Spirit to record their beliefs and experiences in the pages of what we now know as the New Testament.

We read in the New Testament that over two thousand years ago God sent an angel to a young Jewish girl who lived in the town of Nazareth. Her name was Mary, and she was promised in marriage to a man named Joseph. After greeting her, the angel said, "Do not be afraid, Mary, for you have found favor with God. Behold, you will conceive in your womb and bear a son, and you shall name him Jesus. He will be great and will be called Son of the Most High" (Luke 1:30–32).

Because she had not had relations with a man, Mary questioned the angel. And then the angel told her something astonishing: "The holy Spirit will come upon you, and the power of the Most High will overshadow you. Therefore the child to be born will be called holy, the Son of God" (Luke 1:35). Mary totally accepted what God wanted her to do. She told the angel, "Behold, I am the handmaid of the Lord. May it be done to me according to your word" (Luke 1:38).

We call the angel's visit to Mary and the announcement that she would be the virgin mother of the Son of God the **Annunciation**. The example of Mary's "yes" to God inspires us to work with her son as she did. Since Mary is the Mother of God and Mother of the Church, we lovingly call her Blessed Mother.

Luke chose to record the events of the Annunciation in his Gospel. This is an important indicator that the first Christians believed that God had fulfilled his promise in a way that no one had expected. The Promised One was not only a great man, he was God's own Son as well.

Jesucristo es verdadero Dios y verdadero hombre.

¿Dónde encontramos la verdad sobre quien es verdaderamente Jesús—quién es él realmente? Los escritos del Nuevo Testamento proclaman la buena nueva de Jesucristo. La palabra *evangelio* significa "buena nueva". Los **evangelios** son el recuento de la revelación de Dios por medio de Jesucristo. Los evangelios de Mateo, Marcos, Lucas y Juan tienen un lugar especial en la Escritura porque nos hablan de Jesús. Fueron escritos después de la vida, muerte y resurrección de Jesús. Es la palabra de Dios y expresan la fe de la primera comunidad cristiana.

Aunque no son biografías, los evangelios son una rica fuente de información acerca de Jesús. Ellos nos ofrecen una conmovedora imagen de la humanidad de Jesús—quien fue y lo que hizo.

- Jesús fue el hijo de María.
- Obedeció a sus padres, rezó y visitó el Templo.
- Trabajó como carpintero, se divirtió con sus amigos y sintió pena, alegría, enojo y amor.
- Sufrió y murió.

Los amigos de Jesús caminaron por los mismos caminos que él y compartieron sus penas y alegrías. Sus amigos no dudaron que él era humano como ellos. Pero Jesús se atrevió a decir y a hacer cosas que sólo Dios podía hacer:

- Sanó enfermos, devolvió la vista a ciegos y resucitó muertos.
- Calmó tormentas, con cinco panes dio de comer a miles de personas.
- Perdonó pecados.

¿Sabías?

Los evangelios de Lucas y de Mateo nos enseñan que las promesas de Dios se cumplieron con el nacimiento de Jesús. Sin embargo, la historia en Mateo es contada desde la perspectiva de José. Un ángel visitó a José en sueños y le dijo estas palabras: "José, descendiente de David, no tengas miedo de tomar a María por esposa, porque el hijo que va a tener es del Espíritu Santo. María tendrá un hijo, y le pondrás por nombre Jesús. Se llamará así porque salvará a su pueblo de sus pecados" (Mateo 1:20–21). El nombre *Jesús* significa "Dios Salva".

Jesus Christ is true God and true man.

Where do we discover the truth about Jesus—about who he really is? The writings of the New Testament proclaim the Good News of Jesus Christ. The word *gospel* means "good news." The **Gospels** are the accounts of God's Revelation through Jesus Christ. The Gospels of Matthew, Mark, Luke, and John have a central place in Scripture because they are all about the Good News of Jesus. These four accounts were written after the Death and Resurrection of Jesus. They are God's Word, and they also express the faith of the early Church community.

Although they are not biographies, the Gospels are a rich source of information about Jesus. They give us a stirring picture of Jesus' humanity—who he was and what he did:

- Jesus was the son of Mary.
- He obeyed his parents, prayed, and visited the Temple.
- He labored as a carpenter, enjoyed friendship, and felt emotions like sadness, happiness, anger, and love.
- He suffered and died.

The friends of Jesus traveled the same roads as he did, sharing his joys and sorrows. Jesus' friends did not doubt that he was human, just as they were. But Jesus dared to say and do things only God could do:

- He healed the sick, restored sight to the blind, and brought the dead back to life.
- He calmed raging seas. He fed thousands with a small amount of food that was meant to serve only a few.
- He forgave people's sins.

Do YOU Know?

We learn from the Gospels of Luke and Matthew that God's promises were fulfilled in the birth of Jesus. However, in Matthew's Gospel the story is told from Joseph's perspective rather than Mary's. In this Gospel we read that an angel came to Joseph in a dream and spoke these assuring words: "Joseph, son of David, do not be afraid to take Mary your wife into your home. For it is through the holy Spirit that this child has been conceived in her. She will bear a son and you are to name him Jesus, because he will save his people from their sins" (Matthew 1:20–21). The very name *Jesus* means "God saves."

45

Dejen que los niños vengan a mí, Fritz von Uhde, 1884

Por sus palabras y obras sus seguidores supieron que Jesús era más que un simple hombre: Jesús era divino.

Jesús mismo expresó su divinidad claramente cuando hablaba sobre Dios, su Padre. Un día dijo a sus seguidores: "¿No crees que yo estoy en el Padre y el Padre está en mí?" (Juan 14:10). Jesús estaba estableciendo su identidad cuando dijo: "El Padre y yo somos uno solo" (Juan 10:30). En el primer capítulo del Evangelio de Juan nos damos cuenta de una de las grandes verdades de nuestra fe: Jesús fue la Palabra de Dios y la Palabra se hizo carne, tomando nuestra naturaleza humana y habitando entre nosotros. La **encarnación** es la verdad de que el Hijo de Dios, la segunda Persona de la Santísima Trinidad, se hizo hombre y vivió entre nosotros para lograr nuestra salvación.

Desde el inicio la Iglesia continuamente ha estado buscando entender profundamente a Jesús. En los primeros días de la Iglesia se discutió la naturaleza de Jesús. Algunos empezaron a enseñar que Jesús era un simple hombre. Otros enseñaban que él era el Hijo de Dios y no completamente humano.

En el siglo quinto, los obispos se reunieron para hablar sobre el asunto de la humanidad y la divinidad de Jesús. Con la guía del Espíritu Santo, los obispos proclamaron esta gran verdad de fe: Jesucristo es verdadero Dios y verdadero hombre. Esto quiere decir que Jesús es divino y humano.

¿Qué quiere decir encarnación? ¿Qué nos dice acerca de la divinidad y la humanidad de Cristo?

46

Through such words and deeds his followers came to know that Jesus was more than a mere man: Jesus was divine.

Jesus himself expressed his divinity clearly when he spoke about God his Father. One day Jesus asked his followers: "Do you not believe that I am in the Father and the Father is in me?" (John 14:10). Jesus was also establishing his own identity when he said, "The Father and I are one" (John 10:30). We learn from the very first chapter of John's Gospel one of the great truths of our faith: Jesus is the Word of God, and the Word became flesh, taking on our human nature and dwelling among us. The **Incarnation** is the truth that the Son of God, the second Person of the Blessed Trinity, became man and lived among us in order to accomplish our salvation.

Christ Healing the Sick,
Mosaic, San Vitale, Ravenna, Italy

From its beginning the Church has continually searched for a deeper understanding of Jesus. In the early days of the Church, disputes about Jesus' nature arose. Some people began to teach that Jesus was only a man. Others taught that he was the Son of God but not fully human.

In the fifth century all the bishops met to discuss the issue of Jesus' humanity and divinity. With the guidance of the Holy Spirit, the bishops proclaimed this great truth of faith: Jesus Christ is true God and true man. This means that Jesus is both fully human and fully divine.

What do we mean by the Incarnation? What does it tell us about the humanity and divinity of Christ?

Christ in the House of Martha and Mary
Jan Vermeer, c. 1654–1656

47

Jesús nos enseña sobre Dios y su reino.

Los seguidores de Jesús sabían y creían en un solo y verdadero Dios. Pero Jesús les enseñó más. Jesús les enseñó acerca de su Padre y les habló del Espíritu Santo: "El Espíritu Santo, el Defensor que el Padre va a enviar en mi nombre, les enseñará todas las cosas y les recordará todo lo que les he dicho" (Juan 14:26).

Jesús nos enseñó que Dios es Padre, Hijo y Espíritu Santo. Las enseñanzas de Jesús no quieren decir que hay tres dioses. Quiere decir que hay tres divinas Personas en un solo Dios: El Padre, el Hijo y el Espíritu Santo. A esto lo llamamos **Santísima Trinidad**.

- Dios Padre es la primera Persona de la Santísima Trinidad.
- Dios Hijo es la segunda Persona de la Santísima Trinidad.
- Dios Espíritu Santo es la tercera Persona de la Santísima Trinidad.

Dios es una comunión de tres divinas Personas y estas son una unidad y comparten la misma misión.

Algunas personas se preguntan: "¿Cómo pueden tres Personas ser un Dios?" Esta es materia para la fe. Este es de hecho el misterio central de nuestra fe, revelado en la encarnación y enviado por el Espíritu Santo. El misterio de la Trinidad se encuentra en las raíces de nuestra fe y celebramos este misterio en nuestras oraciones y alabanzas. Podemos verlo particularmente en el Bautismo: somos bautizados en el nombre del Padre, del Hijo y del Espíritu Santo.

Jesús nos dijo más sobre Dios en sus enseñanzas sobre el reino de Dios. El habló constantemente sobre el reino. Nos invitó a entrar al reino cumpliendo la voluntad de Dios en nuestras palabras y obras.

Jesús nunca definió el reino de Dios. El usó hermosas historias llamadas parábolas para describir el reino, su importancia y como crece. Muchas de estas parábolas empiezan con las siguientes palabras: "El reino de Dios es como . . ." En el capítulo 13 del Evangelio de Mateo leemos que el reino de Dios se puede comparar con:

- una pequeña semilla que crecerá y convertirá en un matorral
- la levadura que hace crecer el pan
- un tesoro escondido o una perla de gran valor
- una red tirada al mar donde recoge todo tipo de peces

El reino de Dios no es un lugar o un país. El **reino de Dios** es el poder del amor de Dios activo en nuestras vidas en nuestro mundo. Por medio de sus enseñanzas, sus milagros y su ministerio de sanación, Jesús trajo el reino de Dios en forma especial. Jesús mismo es la buena nueva del reino de Dios. Un reino que está aquí ahora y que crece hasta que llegue el fin de los tiempos. Creemos que la Iglesia es la semilla y el inicio del reino de Dios en la tierra.

Describe el reino de Dios con tus propias palabras.

- Paz
- Felisidad

Jesus teaches us about God and the Kingdom of God.

Jesus' followers knew about and believed in the one true God. But Jesus taught them more. Jesus taught them about God his Father, and he spoke to his followers about the Holy Spirit: "The Advocate, the holy Spirit that the Father will send in my name—he will teach you everything and remind you of all that [I] told you" (John 14:26).

We learn from Jesus that God is Father, Son, and Holy Spirit. This teaching of Jesus' does not mean that there are three gods. It means that there are three Divine Persons in one God: the Father, the Son, and the Holy Spirit. This is what we call the **Blessed Trinity**:

- God the Father is the first Person of the Blessed Trinity.
- God the Son is the second Person of the Blessed Trinity.
- God the Holy Spirit is the third Person of the Blessed Trinity.

God is one community of three Divine Persons, and these three are one and share a single mission.

Some people ask, "How can there be three Persons in one God?" This is a matter of faith. It is, in fact, the central mystery of our faith, revealed in the Incarnation and in the sending of the Holy Spirit. Belief in the Blessed Trinity is at the very root of our faith. We celebrate the relationship of Father, Son, and Holy Spirit in our prayer and in our worship. We can see this most particularly in our Baptism: We are all baptized in the name of the Father, and of the Son, and of the Holy Spirit.

Jesus told us more about God in his teaching on the Kingdom of God. Jesus spoke constantly about the Kingdom, or Reign, of God. He invited us all to enter the Kingdom, to follow God's will through our words and deeds.

Jesus never defined the Kingdom of God. Instead, he used beautiful stories called parables to describe the Kingdom, how important it is, and how it grows. Many of these parables begin with the words, "the kingdom of heaven is like. . . ." In the thirteenth chapter of Matthew's Gospel, we read that the Kingdom can be compared to:

- a tiny seed that will blossom into a large bush
- the yeast that makes bread rise
- a buried treasure or a pearl of great price
- a net thrown into the sea that collects fish of every kind.

The Kingdom of God is not a place or a political state. **The Kingdom of God** is the power of God's love active in our lives and in our world. Through his teaching, his miracles, and his healing ministry, Jesus brought about God's Kingdom in a unique way. Jesus himself is the Good News of God's Kingdom—a Kingdom that is here now and yet is growing until the end of time. We believe that the Church is the seed and beginning of the Kingdom of God on earth.

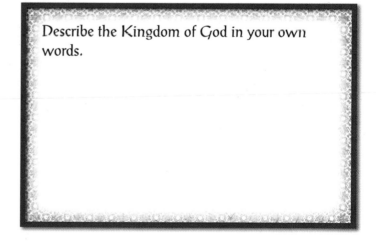

Describe the Kingdom of God in your own words.

CRECIENDO EN LA FE

ORACION

El sacerdote saluda a la asamblea reunida para la misa expresando nuestra relación con la Trinidad de esta forma: "La gracia de nuestro Señor Jesucristo, el amor del Padre y la bendición del Espíritu Santo estén siempre con ustedes". Nuestra oración, personal o comunitaria, nos dirige hacia la vida de la Trinidad. Juntos recen:

✝ Gloria al Padre, y al Hijo,
y al Espíritu Santo,
como era en el principio, ahora y
siempre
por los siglos de los siglos.
Amén.

REFLEXIONA Y ACTUA

¿Qué significan para nosotros las enseñanzas de Jesús sobre el reino de Dios? Cuando seguimos a Jesús, cuando vivimos sus ejemplos y somos guiados por el Espíritu Santo ayudamos a construir el reino de Dios. Somos llamados a llevar el amor de Dios al mundo a todos los pueblos y a toda la creación.

Piensa en algunas cosas que puedes hacer para fomentar el reino de Dios en la tierra.

RECUERDA
la Iglesia enseña que:

- ◉ la Santísima Virgen María concibió por el poder del Espíritu Santo y dio a luz al Hijo de Dios.

- ◉ la Santísima Trinidad es tres divinas Personas y un solo Dios: el Padre, el Hijo y el Espíritu Santo.

- ◉ Dios Padre es la primera Persona de la Santísima Trinidad; Dios Hijo es la segunda Persona de la Santísima Trinidad; Dios Espíritu Santo es la tercera Persona de la Santísima Trinidad.

- ◉ Jesucristo es el Hijo de Dios, la segunda Persona de la Santísima Trinidad quien se hizo uno de nosotros. El es verdadero Dios y verdadero hombre.

- ◉ el reino de Dios es el poder del amor de Dios activo en nuestras vidas y en el mundo. Está presente ahora y se completará al final de los tiempos.

Vocabulario

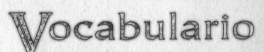

anunciación (pag. 42)
evangelios (pag. 44)
encarnación (pag. 46)
Santísima Trinidad (pag. 48)
reino de Dios (pag. 48)

¿Cómo explicarías a un amigo la enseñanza de la Iglesia sobre que Jesús es divino y humano?

GROWING IN FAITH

PRAY

The priest's greeting to the gathered assembly at Mass expresses our relationship to the Trinity in this way: "The grace of our Lord Jesus Christ, and the love of God, and the communion of the Holy Spirit be with you all." Our prayer, both personal and communal, draws us into the life of the Trinity. Pray together:

✝ Glory to the Father,
and to the Son,
and to the Holy Spirit:
as it was in the beginning, is now,
and will be for ever.
Amen.

REFLECT & ACT

What does Jesus' teaching on the Kingdom of God mean for us? When we follow Jesus, when we live by his example and are guided by the Holy Spirit, we help to build God's Kingdom. We are called to bring God's love to the world, to all people, and to all Creation.

REMEMBER
The Church teaches...

◎ The Blessed Virgin Mary conceived by the power of the Holy Spirit and gave birth to the Son of God.

◎ The Blessed Trinity is the three Divine Persons in one God: the Father, the Son, and the Holy Spirit.

◎ God the Father is the first Person of the Blessed Trinity; God the Son is the second Person of the Blessed Trinity; God the Holy Spirit is the third Person of the Blessed Trinity.

◎ Jesus Christ is the Son of God, the second Person of the Blessed Trinity who became one of us. He is true God and true man.

◎ The Kingdom of God is the power of God's love active in our lives and in our world. It is present now and will come in its fullness at the end of time.

Faith Words

Annunciation (p. 43)
Gospels (p. 45)
Incarnation (p. 47)
Blessed Trinity (p. 49)
Kingdom of God (p. 49)

Think of some things you can do to further the Kingdom of God on earth.

How would you explain to a friend the Church teaching that Jesus is both fully human and fully divine?

51

Jesús, el Salvador

El filipino Pedro Calungsod trabajaba con una misión de jesuitas españoles en la isla de Guam. Estaba contento de hacer lo que él creía era la voluntad de Dios. El 2 de abril de 1672, cuando enseñaba catecismo a algunas personas, Pedro fue asesinado, junto a otro sacerdote, por un paisano que odiaba a los cristianos. ¿Por qué un adolescente puede estar dispuesto a arriesgar su vida trabajando para Dios? ¿Conoces algún adolescente que esté trabajando para Jesús?

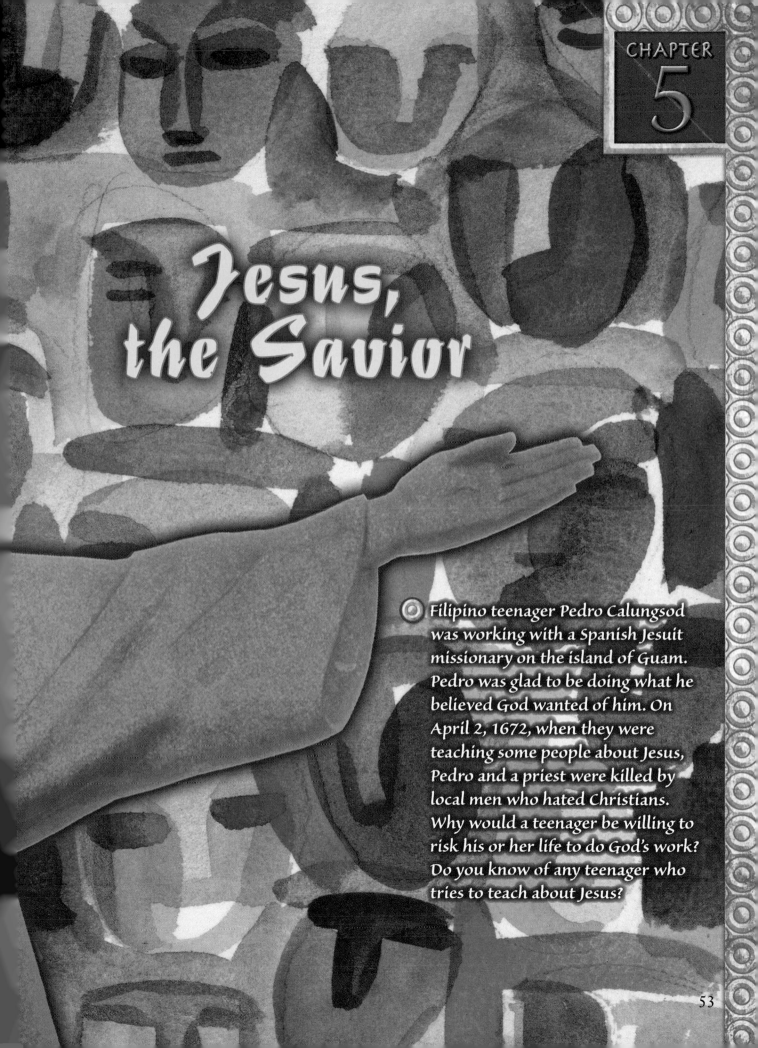

Jesus, the Savior

Filipino teenager Pedro Calungsod was working with a Spanish Jesuit missionary on the island of Guam. Pedro was glad to be doing what he believed God wanted of him. On April 2, 1672, when they were teaching some people about Jesus, Pedro and a priest were killed by local men who hated Christians. Why would a teenager be willing to risk his or her life to do God's work? Do you know of any teenager who tries to teach about Jesus?

1 Jesús hizo fielmente el trabajo que su Padre Dios le confió.

El pueblo del Antiguo Testamento creía en un **Mesías**—persona que Dios enviaría para salvar al pueblo de sus pecados. Dios cumplió su promesa enviando a su único Hijo, Jesucristo, para ser el Salvador y Mesías. En los tiempos en que Jesús vivió en la tierra, se especulaba acerca de la llegada de este Mesías o Salvador y cómo sería. Algunos autores de los libros del Antiguo Testamento describieron al Mesías como un rey ungido, justo, liberador, servidor, salvador. El devolvería a Israel al lugar que le pertenecía: un reino gobernado sólo por Dios e influyente sobre otras naciones.

La mayoría de los judíos esperaban a un poderoso rey quien liberaría a Israel de la dominación extranjera y traería prosperidad al pueblo. El símbolo de este nuevo reino era un gran banquete donde el rey presidiría y el pueblo de Israel celebraría con vítores la victoria sobre sus opresores. Sin embargo, muchos no estaban preparados para el reino que Jesús anunció.

Según los evangelios una multitud siguió a Jesús, pero él nunca fue controlado por el capricho de la multitud. Cuando quisieron proclamarlo rey, Jesús se escapó. Cuando le preguntaron: "si él era de veras el que había de venir, o si debían esperar a otro" (Mateo 11:3) contestó usando las palabras del profeta Isaías para describir el tiempo del Mesías: "Cuéntenle que los ciegos ven, los cojos andan, los leprosos quedan limpios de su enfermedad, los sordos oyen, los muertos vuelven a la vida y a los pobres se les anuncia el mensaje de salvación" (Mateo 11:5).

En los evangelios aprendemos que los primeros cristianos creyeron que Jesús era el Mesías. La palabra hebrea *mesías* significa "ungido". En el Nuevo Testamento, escrito en griego, la palabra *cristos* traduce la palabra *mesías*. En español la palabra es cristo. Los títulos de Mesías, Cristo y Ungido significan lo mismo. Nosotros llamamos a Jesucristo, Mesías y Ungido.

1 Jesus faithfully did the work God his Father gave him.

One of the central beliefs of the people of Old Testament times was that of a **Messiah**—a person God planned to send to save the people from their sins. God fulfilled his promise by sending his own Son, Jesus Christ, to be the Savior and Messiah. In the time that Jesus lived on earth, there was a great deal of speculation about when this Messiah, or Savior, would come and what he would be like. Authors of the books of the Old Testament had described the Messiah as anointed king, just ruler, liberator, and Savior. He would restore Israel to its rightful place as a kingdom ruled only by God and influential over other nations.

Most Jews hoped for a powerful king who would free Israel from domination by foreigners and bring prosperity to the people. The symbol of this new kingdom was a great banquet at which the king would preside and the people of Israel would celebrate their victory over their oppressors. For this reason many of the people were not prepared for the kingdom that Jesus announced.

According to the Gospels a large crowd often followed Jesus, but Jesus was never controlled by the whims of the crowd. When they wanted to make him king, Jesus fled. When they asked him, "Are you the one who is to come or should we look for another?" (Matthew 11:3), Jesus answered by using the words of the prophet Isaiah to describe the time of the Messiah: "The blind regain their sight, the lame walk, lepers are cleansed, the deaf hear, the dead are raised, and the poor have the good news proclaimed to them" (Matthew 11:5).

From the Gospel accounts we learn that early Christians believed that Jesus was the Messiah. The word *messiah* comes from the Hebrew word for "anointed." In the New Testament, which was written in Greek, the word *christos* was used to translate *messiah*. In English this word is *Christ*. The titles Messiah, Christ, and Anointed One all mean the same thing. We call Jesus—Christ, Messiah, and Anointed One.

Christ Healing the Withered Hand, James J. Tissot, circa 1870

Jesús no negó que él fuera el Mesías, pero no era el tipo de Mesías que el pueblo esperaba. Su misión no era dirigida hacia sí mismo o hacia un reinado terrestre próspero, sino hacia su Padre. El Hijo de Dios vino a la tierra para hacer la voluntad de su Padre: para salvarnos del pecado y unirnos a él para que pudiéramos compartir la vida y el amor de Dios. En el Evangelio de Juan leemos como Jesús se describe: "Yo soy el camino, la verdad y la vida. Solamente por mí se puede llegar al Padre" (Juan 14:6).

Los amigos de Jesús se dieron cuenta que Jesús cumplía la voluntad de Dios fielmente negándose a sí mismo y satisfaciendo las necesidades de todos. Jesús estuvo enseñando síempre. El:

- dio de comer a los hambrientos y ayudó a los pobres
- perdonó a los pecadores y sanó a los enfermos
- habló de Dios y de lo que él quería del pueblo
- llamó a todos, hombres y mujeres, a compartir la vida y el amor de Dios.

Para ser discípulo de Jesús, sus seguidores tenían que obedecer la voluntad de Dios como él lo hizo. Un **discípulo** es aquel que dice sí al llamado de Jesús. Todos eran bienvenidos pero para ser discípulo tenían que poner a un lado el egoísmo.

¿Correspondía Jesús a la idea que el pueblo tenía del Mesías? ¿Por qué?

Jesus did not deny that he was the Messiah, but Jesus was not the kind of Messiah that the people expected. His mission was not directed toward himself or earthly kingship and prosperity, but toward his Father. The Son of God came to earth to do his Father's will: to save us from sin and unite us with himself so that we could share in God's life and love. We read in the Gospel of John that Jesus describes himself as "the way and the truth and the life. No one comes to the Father except through me" (John 14:6).

Jesus' friends realized how faithfully he had done God's will by denying himself and serving the needs of all. All of Jesus' life was a constant teaching. He:

- fed the hungry and helped the poor
- forgave sinners and healed the sick
- taught people about God and what he asked of them
- called all people, women and men alike, to share God's life and love.

The followers of Jesus would have to obey God's will as Jesus himself did in order to become disciples. A **disciple** is one who says yes to Jesus' call to follow him. All were welcome, but they would have to put aside selfishness to become disciples.

Did Jesus fit the people's idea of the Messiah? Why or why not?

57

2 Jesús murió en la cruz por nosotros.

Jesús fue completamente fiel a Dios, a las costumbres y a las leyes de su pueblo. Pero se atrevió a interpretar la Ley de Moisés con autoridad divina. Ese acto le trajo conflicto con los líderes religiosos y civiles de su tiempo.

En el Evangelio de Marcos leemos que Jesús predijo que algunos líderes pedirían su muerte, pero que tres días más tarde resucitaría. Uno de sus seguidores lo llamó y le pidió que viera las cosas como los demás. Pero Jesús le contestó que las ideas de Dios no son como las nuestras.

Los cuatro evangelios recogen detalles de la pasión de Jesús—su sufrimiento y muerte. Jesús y sus discípulos habían viajado a Jerusalén para celebrar la fiesta judía de pascua. Todos los años los judíos del tiempo de Jesús—al igual que hoy día—preparaban una comida especial para celebrar que Dios los había liberado de la esclavitud de Egipto. Jesús sabía que sería su última cena de pascua, porque sería traicionado.

En lo que llamamos hoy la última cena, Jesús enseñó a sus discípulos sobre el amor y les prometió que el Padre les enviaría al Espíritu Santo. Jesús fue con sus discípulos a orar al monte de los Olivos, un hermoso jardín en la montaña que miraba a la ciudad de Jerusalén. Ahí Jesús agonizó al pensar en su muerte. Cayó al suelo y rezó: "Padre mío, si es posible, líbrame de este trago amargo; pero que no se haga lo que yo quiero, sino lo que quieres tú" (Mateo 26:39).

El miedo a morir de Jesús fue real, pero su fe estaba arraigada en su Padre. El era capaz de soportar el sufrimiento y la muerte al saber cuan grande era el amor de su Padre. Mientras Jesús rezaba en el monte de los Olivos, Judas lo traicionaba. Jesús fue arrestado, llevado a juicio y abandonado por los demás discípulos.

La Agonía en el Huerto (Cristo en el jardín de los Olivos), Paul Gauguin, 1889

Jesús fue llevado ante Poncio Pilato, el gobernador romano de Judea. Pilato le preguntó si era el rey de los judíos, Pilato sabía que Jesús no había dicho que era rey, pero pensaba que cualquier deseo de reinar era una amenaza para la autoridad romana. Así que Jesús fue condenado a muerte.

Los soldados romanos dirigieron a Jesús al lugar donde iba a ser crucificado. La crucifixión era una forma de ejecución usada por los romanos para castigar a criminales comunes. Jesús no protestó ni resistió ser clavado en la cruz. Con confianza y amor dejó su vida en las manos de su Padre: "¡Padre, en tus manos encomiendo mi espíritu!" (Lucas 23:46). Después de decir esto Jesús murió. Llamamos Viernes Santo al día en que Jesús murió.

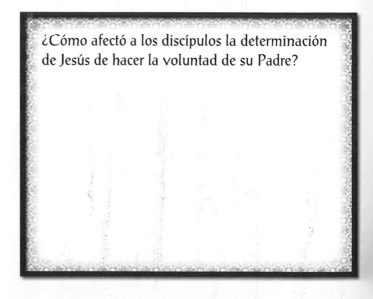

¿Cómo afectó a los discípulos la determinación de Jesús de hacer la voluntad de su Padre?

Jesus died on the cross for us.

Jesus was completely faithful to God and to the customs and laws of his people. But Jesus dared to interpret the Law of Moses with divine authority. Such acts brought him into conflict with the religious and civil leaders of his time.

In Mark's Gospel we read that Jesus predicted that certain leaders would put him to death, but that he would rise three days later. One of Jesus' followers took him aside and urged him to see things as others did. But Jesus told his disciple that God's thinking is not like ours.

All four Gospels record the details of Jesus' Passion—his suffering and Death. Jesus and his disciples had traveled to Jerusalem for the Jewish Feast of Passover. Every year faithful Jews of Jesus' time—as well as those today—prepared a special meal to celebrate God's delivering them from slavery in Egypt. Jesus knew that this would be his last Passover meal because he would be betrayed.

At what we now call the Last Supper, Jesus taught his disciples about love and promised them that the Father would send the Holy Spirit. Jesus went with his disciples to pray in the Garden of Olives, a beautiful garden on a hill overlooking the city of Jerusalem. There Jesus agonized over his coming death. He fell to the ground and prayed, "My Father, if it is possible, let this cup pass from me; yet, not as I will, but as you will" (Matthew 26:39).

Jesus' fear of death was very real, but his faith was rooted in his Father. He was able to face suffering and death knowing how much his Father loved him. While Jesus prayed in the garden, he was betrayed by his disciple Judas. Jesus was then arrested and brought to trial, and his other disciples deserted him, fleeing from the area.

Jesus was brought before Pontius Pilate, the Roman governor of Judea. Pilate asked Jesus whether he was the king of the Jews. Pilate knew that Jesus did not claim to be an earthly king, but Pilate still believed that any talk of kingship was a threat to Roman authority. So Jesus was condemned to die.

The Roman soldiers led Jesus to the place where he would be crucified. Crucifixion was a form of execution the Romans used for common criminals. Jesus did not struggle, protest, or resist as he was nailed to the cross. With trust and love he placed his life in his Father's care: "Father, into your hands I commend my spirit" (Luke 23:46). Jesus said this and died. Good Friday is the name we give to the day Jesus died for us.

> How did Jesus' determination to do the will of his Father affect his disciples?

Con su resurrección, Jesucristo nos da nueva vida.

Por un tiempo, la muerte de Jesús mató en sus discípulos las esperanzas de que él era el Mesías. Los discípulos se escondieron por miedo a morir o a ser encarcelados por su asociación con Jesús. Según leemos en los evangelios pasó algo sorprendente. Unas mujeres discípulas de Jesús fueron a la tumba para ungir el cuerpo. La piedra que cubría la entrada estaba fuera de su lugar y la tumba estaba vacía.

Las mujeres pensaron primero que alguien había robado el cuerpo. Después vieron a un ángel vestido de blanco y tuvieron miedo. El ángel les dijo: "No tengan miedo. Yo sé que están buscando a Jesús, el que fue crucificado. No está aquí, sino que ha resucitado, como dijo. Vengan a ver el lugar donde lo pusieron" (Mateo 28:5–6).

Las mujeres estaban sorprendidas y corrieron a contarle a los discípulos. En el camino, el Señor resucitado les salió al encuentro, él les habló y ellas le abrazaron los pies.

¿Sabías?

Hoy sabemos que no podemos responsabilizar a toda una nación o grupo religioso por las acciones de algunos de sus miembros. El beato papa Juan Pablo II nos lo recordó cuando, en 1986, visitó una sinagoga romana. El Papa afirmó que de ninguna manera los cristianos deben culpar "al pueblo judío por lo que pasó en la pasión".

Cuando las mujeres dijeron a los discípulos lo que habían visto y escuchado, ellos no les creyeron.

Más tarde, el día que nosotros conocemos como Domingo de Resurrección, el Señor resucitado se apareció a los discípulos. A pesar de que estaban bajo puertas cerradas, Jesús se paró en medio de ellos y les dijo: "¡Paz a ustedes!" (Juan 20:19). Los discípulos se llenaron de gozo al ver al Señor resucitado.

Después de la **resurrección** de Jesús, el misterio de que Jesús resucitó de la muerte a una nueva vida, la tumba vacía y las apariciónes de Cristo convencieron a sus discípulos para que tuvieran fe en el poder de Dios. Compartimos la fe de los discípulos de que Jesús resucitó. La resurrección de Jesús es una creencia central de nuestra fe. La resurrección da significado a la vida y la muerte de Jesús. El poder del pecado y del mal estaba vencido por siempre.

Por medio de su muerte, Jesús abrió las puertas del cielo y nos libró del poder del pecado y el mal. Con su resurrección se nos da una nueva vida. Por Jesucristo la humanidad es reunida con Dios. Como nos recuerda San Pablo: "Y así como en Adán todos mueren, así también en Cristo todos tendrán vida" (1 Corintios 15:22).

¿Por qué la resurrección de Jesucristo es una creencia central de nuestra fe?

By rising from the dead, Jesus Christ brings us new life.

For a short time Jesus' Death crushed the disciples' hopes that he was their Messiah. The disciples hid for fear of death or imprisonment because of their association with Jesus. Then, as the Gospels record it, the unexpected happened. Some women followers of Jesus went to his burial place, expecting to anoint his body. But the large stone at the tomb's entrance had been rolled away. The tomb was empty!

The women's first thoughts were that someone had stolen the body. Then they saw an angel robed in white and became frightened. The angel told them, "Do not be afraid! I know that you are seeking Jesus the crucified. He is not here, for he has been raised just as he said. Come and see the place where he lay" (Matthew 28:5–6).

The women were amazed, and they ran to tell the disciples. As they made their way, the risen Jesus met them. He spoke to them, and they honored him by embracing his feet.

When the women told the disciples what they had seen and heard the disciples did not believe.

Later, on the day we now celebrate as Easter Sunday, the risen Jesus appeared to his disciples. Even though they were behind locked doors, Jesus came among them and said, "Peace be with you" (John 20:19). Jesus' disciples were filled with joy at seeing their Lord among them, truly risen from the dead.

After Jesus' **Resurrection**, the mystery of Jesus' rising from Death to new life, the empty tomb and Christ's appearances as the Risen One awakened the disciples' faith in the power of God. We share the disciples' faith that Jesus is risen. Jesus' Resurrection is a central belief of our faith. Because of his Resurrection Jesus' life and death have meaning. The power of sin and evil was broken for all time.

Through his Death Christ opened the gates of Heaven and freed us from the power of sin and evil. By his Resurrection we are restored to new life. Through Jesus Christ humanity was reunited with God. As Saint Paul reminds us, "For just as in Adam all die, so too in Christ shall all be brought to life" (1 Corinthians 15:22).

Do YOU Know?

We learn from many religious and political situations today that an entire nation, people, or religious group cannot be held responsible for the actions of some of its members. Blessed Pope John Paul II reminded us of this during his visit to a Roman synagogue in 1986. The Pope stated that in no way can Christians blame "the Jews as a people for what happened in Christ's passion."

> Why is belief in the Resurrection of Jesus Christ so important to our faith?

CRECIENDO EN LA FE

ORACION

El gozo de la resurrección de Jesús se encierra en una sola palabra—*aleluya*. La palabra *aleluya* viene del hebreo y significa "alabanzas al Señor". El aleluya es mayormente usada como una aclamación.

Juntos recen:

✝ **J**esucristo
ha resucitado de entre los muertos.
Aleluya.

RECUERDA
la Iglesia enseña que:

◉ la misión de Jesús estaba dirigida hacia su Padre. El vino a hacer la voluntad de su Padre.

◉ Jesús es el Mesías, el Salvador prometido. Mesías es una palabra que significa "cristo" o ungido de Dios. Por eso decimos que Jesús es el Cristo.

◉ Jesús murió para salvarnos del pecado y su resurrección nos da nueva vida.

◉ la resurrección de Jesús es una creencia central de nuestra fe. Compartimos la fe de los primeros discípulos de que Jesús resucitó.

Vocabulario

Mesías (pag. 54)
discípulos (pag. 56)
resurrección (pag. 60)

REFLEXIONA Y ACTUA

A pesar de toda oposición Jesús hizo la voluntad del Padre. ¿Conoces a alguien que haya hecho lo correcto a pesar de la oposición? ¿Cuáles fueron las consecuencias para esa persona?

¿De qué forma puedes vivir el significado de la vida de Jesús? ¿Qué puedes hacer para compartir la esperanza de la resurrección de Jesús con otros?

GROWING IN FAITH

PRAY

The Easter joy of Jesus' Resurrection is captured in one word—*Alleluia*. The word *Alleluia* comes from the Hebrew for "Praise the Lord!" The Alleluia is most often used as an acclamation. Pray together:

> ✝ Jesus Christ
> is risen from the dead,
> Alleluia!

REMEMBER
The Church teaches...

◉ Jesus' mission was directed toward his Father. He came to do his Father's will.

◉ Jesus is the Messiah, the promised Savior. *Messiah* is a word that means "Christ," or the Anointed One of God. That is why we say that Jesus is the Christ.

◉ Jesus died to save us from sin, and his Resurrection restores us to new life.

◉ The Resurrection of Jesus is a central belief of our faith. We share the belief of the first disciples that Jesus is risen.

Faith Words

Messiah (p. 55)
disciple (p. 57)
Resurrection (p. 61)

REFLECT & ACT

Jesus did the will of the Father despite opposition. Do you know anyone who did what he or she believed was right in spite of opposition? What consequences did the action have for that person?

In what ways can you live out the meaning of the life of Jesus? What can you do to share the hope of Jesus' Resurrection with others?

A. Escribe el término al lado de su definición.

encarnación ✓   Gracia ✓   co-responsables de la creación ✓
Resurrección ✓   revelación divina ✓   Santísima Trinidad ✓
evangelios ✓   pecado original ✓   Misterio pascual ✓
Antiguo Testamento ✓ Reino de Dios ✓   Nuevo Testamento ✓
Mesías ✓   Fe ✓   anunciación ✓

1. _Resurrección_ es el misterio de que Jesús resucitó de la muerte a la vida.

2. El primer pecado cometido por los humanos es llamado _pecado original_.

3. Los que cuidan de todo lo que Dios les ha dado son llamados _co-responsables de la creación_

4. _Fe_ es el don de Dios por medio del cual creemos en Dios y todo lo que él ha revelado y todo lo que la Iglesia propone para nuestra fe.

5. Que Dios se ha revelado a sí mismo a nosotros es llamado _revelación divina_

6. En el _Antiguo Testamento_ leemos sobre la relación de fe entre Dios y los israelitas.

7. El _Mesías_ es la persona que Dios enviaría para salvar al pueblo de sus pecados.

8. La _Santísima Trinidad_ es tres personas divinas en un solo Dios: Dios el Padre, Dios el Hijo y Dios el Espíritu Santo.

9. El recuento en el Nuevo Testamento de la revelación de Dios por medio de Jesucristo es conocido como los _evangelios_.

10. _Reino de Dios_ es el poder del amor de Dios activo en nuestras vidas y nuestro mundo que está presente ahora y se completará al final de los tiempos.

11. La _encarnación_ es la verdad de que el Hijo de Dios, la segunda Persona de la Santísima Trinidad, se hizo hombre y vivió entre nosotros para alcanzar nuestra salvación.

12. _Gracia_ es participar, o compartir, en la vida y la amistad de Dios.

13. _Misterio pascual_ se refiere al sufrimiento, muerte, resurrección y ascensión de Jesucristo.

14. La _anunciación_ es el nombre dado al anuncio a María de que sería la madre del Hijo de Dios.

15. En la segunda parte de la Biblia, el _Nuevo testamento_ leemos sobre Jesucristo, su mensaje, su misión y sus primeros discípulos.

B. Subraya la respuesta que _no_ corresponde.

1. Nuestra fe católica nos ayuda a
   a. descubrir el significado de la vida.
   b. encontrar todas las respuestas.
   c. conocer a Dios.
   d. dar una respuesta libre a la revelación de Dios mismo.

2. La Iglesia enseña sobre la caída y la promesa que
   a. el mal y el sufrimiento llegaron al mundo por voluntad humana.
   b. Jesucristo cumplió la promesa de Dios de librar a la humanidad para que compartiera la vida de Dios.
   c. todo ser humano sufre los efectos del pecado original.
   d. los primeros humanos no pecaron.

3. En el libro del Génesis leemos que
   a. la creación fue terminada en siete años.
   b. Dios es el creador de todas las cosas.
   c. el mundo creado por Dios es bueno.
   d. somos creados a imagen y semejanza de Dios.

4. En los cuatro evangelios encontramos que Jesús
   a. no hizo milagros.
   b. es el Hijo de Dios, el Mesías esperado.
   c. es divino y humano.
   d. es uno con el Padre.

5. Jesús cumplió la voluntad de su Padre:
   a. dando de comer al hambriento y sanando al enfermo.
   b. sufriendo y muriendo en la cruz.
   c. evitando el contacto con los pobres.
   d. resucitando de la muerte para darnos nueva vida.

C. Responde las siguientes preguntas:

1. ¿Cómo tu fe marca una diferencia en tu vida? ¿Cómo puedes fortalecer tu fe?

   Fe marca una diferencia en mi vida para el bien.e

2. ¿De qué forma vives tu responsabilidad de cuidar de la creación?

   Yo voy a misa todos los domingos y le pido a dios que nos ayude.a cuidar.

3. ¿Qué significado tienen para ti los siguientes símbolos de la historia de Adán y Eva?

   el Jardín: _un lugar de paz_

   la serpiente: _un mal que quizo y quiere que desobedesamos a Dios._

   sacados del Jardín: _Adan y Eva desobedesieron a Dios._

4. ¿Por qué es importante ayudar en la construcción del reino de Dios? ¿Qué puedes hacer para ayudar en la expansión del reino? _Deberiamos tener mas fe._

5. ¿Cómo el sufrimiento y muerte de Jesús te ayudan a tener fuerzas para soportar tus propios sufrimientos? ¿Qué esperanzas te da la resurrección de Cristo? _Nadien en este mundo a sufrido qual como Dios sufrio para salvarnos._

65

A. Choose the correct term to complete each statement.

Incarnation	Grace	stewards of Creation
Resurrection	Divine Revelation	Blessed Trinity
Gospels	Original Sin	Paschal Mystery
Old Testament	Kingdom of God	New Testament
Messiah	Faith	Annunciation

1. The _____ is the mystery of Jesus' rising from Death to new life.

2. The first sin committed by the first human beings is known as _____.

3. Those who take care of everything that God has given them are called _____.

4. _____ is the gift from God by which we believe in God and all that he has revealed, and all that the Church proposes for our belief.

5. _____ is God's making himself known to us.

6. In the _____ we read about the faith relationship between God and the Israelites.

7. The _____ is the person God planned to send to save people from their sins.

8. The _____ is the three Divine Persons in one God: God the Father, God the Son, and God the Holy Spirit.

9. The accounts found in the New Testament of God's Revelation through Jesus Christ are known as the _____ .

10. The _____ is the power of God's love active in our lives and in our world, which is present now and will come in its fullness at the end of time.

11. The _____ is the truth that the Son of God, the second Person of the Blessed Trinity, became man and lived among us in order to accomplish our Salvation.

12. _____ is a participation, or sharing, in God's life and friendship.

13. The _____ refers to the suffering, Death, Resurrection, and Ascension of Jesus Christ.

14. The _____ is the name given to the announcement to Mary that she would be the Mother of the Son of God.

15. In the second part of the Bible, the _____, we read about Jesus Christ, his message and mission, and his first followers.

B. Circle the response that does *not* belong.

1. Our Catholic faith helps us
   a. discover the meaning of life.
   b. have all the answers.
   c. come to know God.
   d. give a free response to God's Revelation of himself.

2. This is what the Church teaches about the fall and the promise
   a. evil and suffering entered the world through human choice.
   b. Jesus Christ fulfills God's promise to free human beings to share in God's life.
   c. every human being suffers the effects of Original Sin.
   d. the first humans did not sin.

3. From the Book of Genesis we learn that
   a. Creation was completed in seven years.
   b. God alone created everything that is.
   c. the world God created is good.
   d. we are made in the image and likeness of God.

4. We find in the four Gospel accounts that Jesus
   a. worked no miracles.
   b. is the Son of God and the long-awaited Messiah.
   c. is both divine and human.
   d. is one with the Father.

5. Jesus fulfilled his Father's will by:
   a. feeding the hungry and healing the sick.
   b. suffering and dying on the cross.
   c. avoiding contact with the poor.
   d. rising from the dead to bring us new life.

C. Share your faith by responding thoughtfully to these questions.

1. How does your faith make a difference in your life? How can you strengthen your faith?

   _____

   _____

2. In what ways can you live out your responsibility to take care of Creation?

   _____

   _____

3. What meaning do these symbols from the story of Adam and Eve have for you?
   the garden: _____

   _____

   the serpent: _____

   _____

   being sent from the garden: _____

   _____

4. Why is it important to help build up the Kingdom of God? What can you do to spread the Kingdom? _____

   _____

5. How does the suffering and Death of Jesus help you to cope with the sorrows in your own life? Why does Jesus' Resurrection give you hope?

   _____

   _____

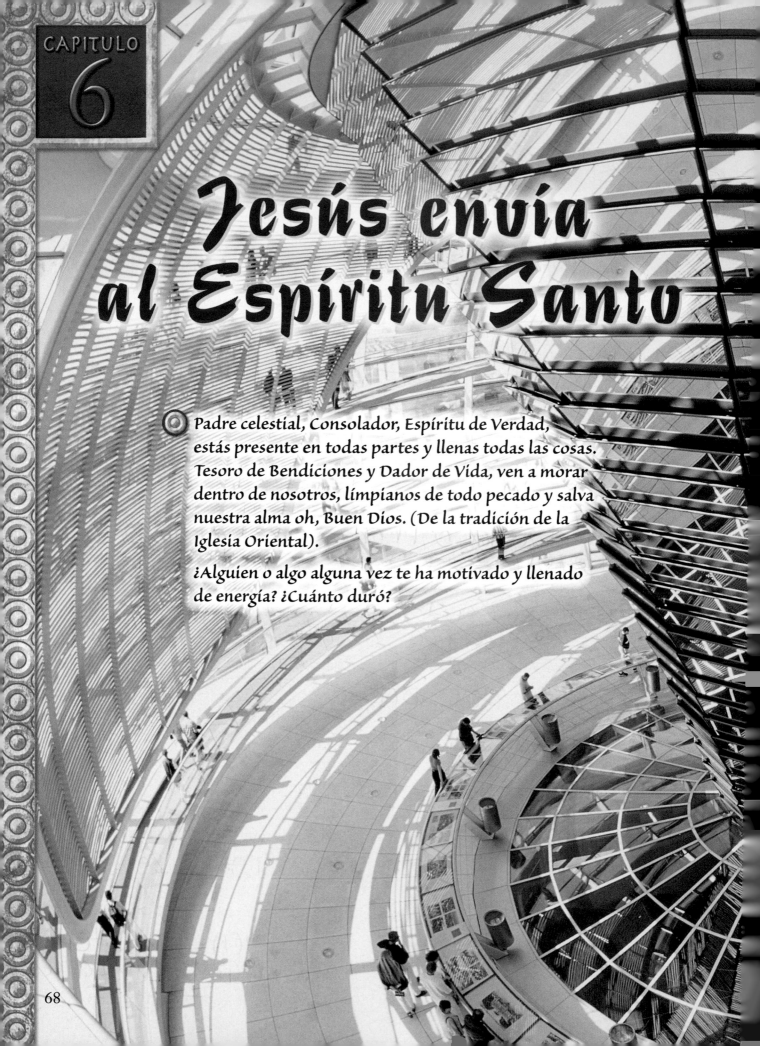

Jesús envía al Espíritu Santo

Padre celestial, Consolador, Espíritu de Verdad, estás presente en todas partes y llenas todas las cosas. Tesoro de Bendiciones y Dador de Vida, ven a morar dentro de nosotros, límpianos de todo pecado y salva nuestra alma oh, Buen Dios. (De la tradición de la Iglesia Oriental).

¿Alguien o algo alguna vez te ha motivado y llenado de energía? ¿Cuánto duró?

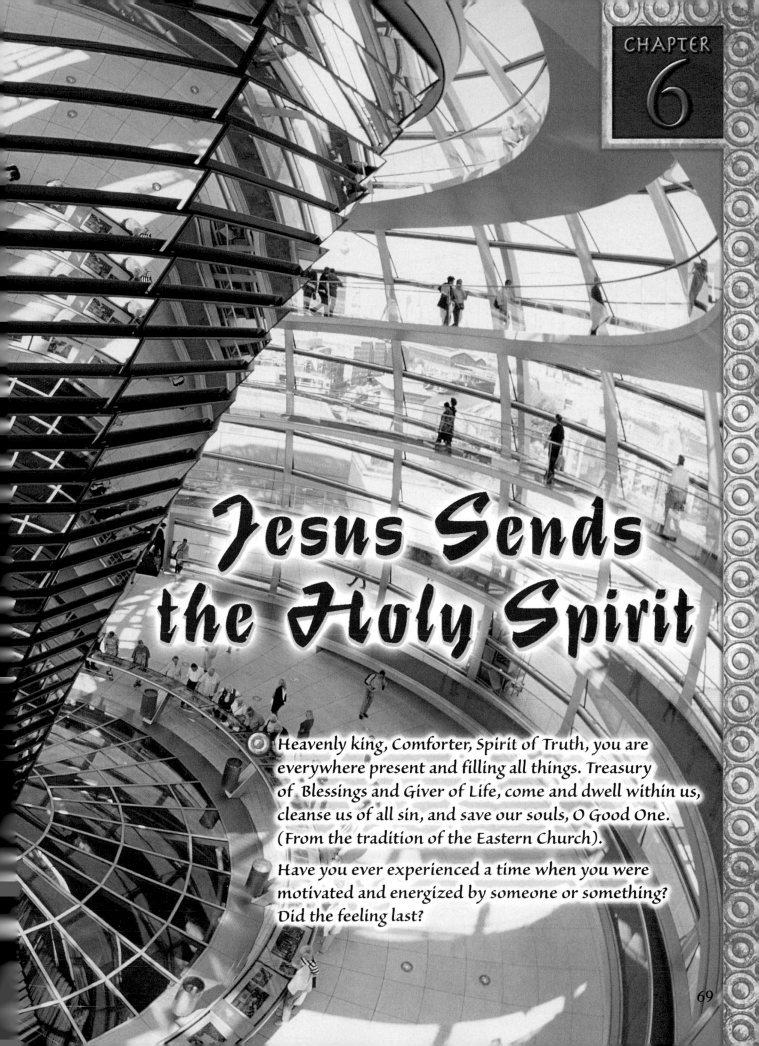

Jesus Sends the Holy Spirit

Heavenly king, Comforter, Spirit of Truth, you are everywhere present and filling all things. Treasury of Blessings and Giver of Life, come and dwell within us, cleanse us of all sin, and save our souls, O Good One. (From the tradition of the Eastern Church).

Have you ever experienced a time when you were motivated and energized by someone or something? Did the feeling last?

69

Jesús prometió enviar el Espíritu Santo.

Todos necesitamos visión y metas. Necesitamos valor, esperanza y alguien que nos guíe para recorrer el camino. Jesús nos ha dado todas estas cosas en forma inimaginable.

Jesús provee un sentido de propósito, fortaleza y dirección a sus seguidores. Con su presencia, sus enseñanzas y su forma de vida unió a sus discípulos. Entre sus seguidores hubo un grupo especial llamado *apóstoles*, palabra que significa "enviado a una misión". Los **apóstoles** fueron doce hombres escogidos por Jesús para compartir su misión de manera especial.

Jesús prometió a los apóstoles que él estaría con ellos siempre. Haría esto enviándoles al Espíritu Santo para que los guiara y les diera valor. Jesús les dijo: "Pero cuando el Espíritu Santo venga sobre ustedes, recibirán el poder y saldrán a dar testimonio de mí, en Jerusalén, en toda la región de Judea y de Samaria, y hasta en las partes más lejanas de la tierra" (Hechos de los Apóstoles 1:8). El Espíritu Santo les ayudaría a encontrar la forma de llevar el mensaje del amor de Dios al mundo.

Jesús dijo a los apóstoles: "Pero cuando venga el Defensor, el Espíritu de la verdad, . . . él será mi testigo. Y ustedes también serán mis testigos, porque han estado conmigo desde el principio" (Juan 15:26–27). El Consolador, es Dios el Espíritu Santo, la tercera Persona de la Santísina Trinidad. El Espíritu Santo:

- se quedaría con ellos y en ellos
- les enseñaría y ayudaría a recordar todo lo que les había dicho Jesús

- los dirigiría a la verdad del evangelio, que Jesucristo es el Hijo de Dios, quien nos trae redención y salvación
- les daría la fortaleza para ser testigos de Jesús.

Defensor es una palabra de muchos significados: amigo, consolador, maestro, guía, defensor. El Espíritu Santo es todas esas cosas para nosotros—nuestro intercesor, consolador y maestro.

Hoy Dios Espíritu Santo nos guía y nos fortalece, como miembros de la familia de Dios. Como el Espíritu Santo no se puede ver, como el viento, lo conocemos por lo que hace en y por nosotros en la Iglesia. El Espíritu Santo siempre está en nosotros, reuniéndonos como pueblo de Dios, haciendo la Iglesia una en verdad y amor.

¿Quiénes fueron los apóstoles? ¿Por qué Jesús les prometió enviar el Espíritu Santo?

Jesus promised to send the Holy Spirit.

We all need vision and goals to give us direction. We need courage and hope and someone to help guide us if we get off track. Jesus has given these things to us in a way we never could have imagined.

Jesus provided a sense of purpose, strength, and direction for his followers. His presence among his disciples, his teachings, and his way of life united them. Among these followers were a special group we know as the *Apostles*, a word meaning "those sent on a mission." The **Apostles** were twelve men chosen by Jesus to share in his mission in a special way.

Jesus promised his Apostles that he would be with them always. He would do this by sending the Holy Spirit to guide and encourage them. Jesus assured his Apostles with these words, "You will receive power when the holy Spirit comes upon you, and you will be my witnesses in Jerusalem, throughout Judea and Samaria, and to the ends of the earth" (Acts of the Apostles 1:8). The Holy Spirit would help them find the way to bring Jesus' message of God's love to the entire world.

Jesus told his Apostles, "When the Advocate comes whom I will send you from the Father, the Spirit of truth. . . . he will testify to me. And you also testify, because you have been with me from the beginning" (John 15:26–27). The Advocate is God the Holy Spirit, the third Person of the Blessed Trinity. The Holy Spirit would:

- remain with them and in them
- teach them and help them to remember all that Jesus had said
- lead them to the truth of the Gospel, that Jesus Christ is the Son of God who brings us Salvation and redemption
- give them the strength to be Jesus' witnesses.

Advocate is a word with many meanings: helper, friend, consoler, teacher, guide, and defender. The Holy Spirit is all of these things for us—our intercessor, consoler, and teacher.

God the Holy Spirit guides and strengthens us today as members of God's family. Because the Holy Spirit is unseen, like the wind, we know the Holy Spirit only by what he does to us and for us in the Church. At all times the Holy Spirit is in us and with us, drawing us together as God's people, making the Church one in truth and love.

Who were the Apostles? Why did Jesus promise to send them the Holy Spirit?

2 El Espíritu Santo vino en Pentecostés.

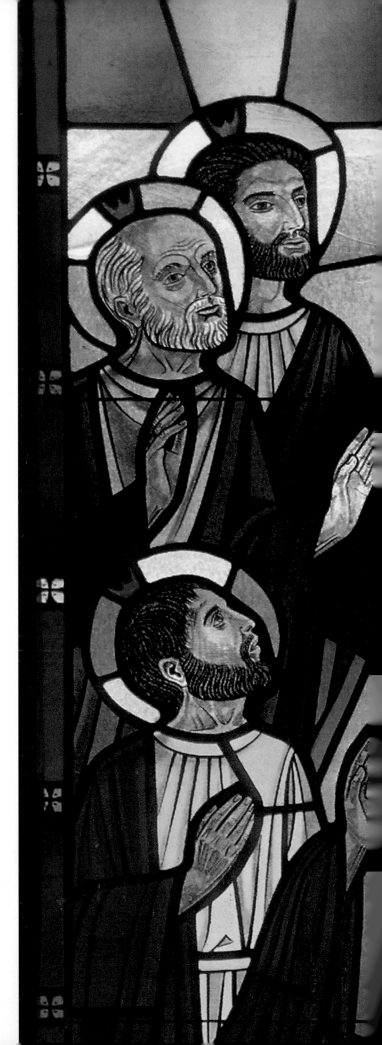

Cuarenta días después de su resurrección de la muerte, Jesús regresó a su Padre en el cielo. Celebramos este evento en la fiesta de la Ascensión. Los apóstoles regresaron a Jerusalén donde se reunían con frecuencia para orar. En el Nuevo Testamento leemos la estremecedora escena cuando el Espíritu Santo descendió hasta ellos:

> Cuando llegó la fiesta de Pentecostés, todos los creyentes se encontraban reunidos en un mismo lugar. De repente, un gran ruido que venía del cielo, como de un viento fuerte, resonó en toda la casa donde ellos estaban. Y se les aparecieron lenguas como de fuego, repartidas sobre cada uno de ellos. Y todos quedaron llenos del Espíritu Santo, y comenzaron a hablar en otras lenguas, según el Espíritu hacía que hablaran.
> Hechos de los apóstoles 2:1–4

El día en que el Espíritu Santo vino a los primeros discípulos, como Jesús lo había prometido, se conoce como **Pentecostés**. Más tarde leemos en los Hechos de los apóstoles que el apóstol Pedro empezó a predicar a la multitud que se encontraba en Jerusalén. El declaró que Jesús de Nazaret hizo cosas maravillosas y que Dios Padre lo había resucitado de entre los muertos. Jesús verdaderamente había enviado el Espíritu Santo como lo había prometido.

Pedro continuó su discurso diciéndole a la muchedumbre que los reunidos habían visto y escuchado la venida del Espíritu Santo. Tenían que saber que Jesús crucificado había resucitado. Jesús era verdaderamente el Señor y Mesías.

The Holy Spirit came at Pentecost.

Forty days after Jesus had risen from the dead, he returned to his Father in Heaven. We celebrate this event on the Feast of the Ascension. The Apostles then went back to Jerusalem, where they often came together to pray. We read an account in the New Testament of the earthshaking day on which the Holy Spirit came upon them:

> When the time for Pentecost was fulfilled, they were all in one place together. And suddenly there came from the sky a noise like a strong driving wind, and it filled the entire house in which they were. Then there appeared to them tongues as of fire, which parted and came to rest on each one of them. And they were all filled with the holy Spirit and began to speak in different tongues, as the Spirit enabled them to proclaim.
> Acts of the Apostles 2:1–4

The day on which the Holy Spirit came to Jesus' first disciples as Jesus promised is known as **Pentecost**. We read further in the Acts of the Apostles that the Apostle Peter began to preach to the crowds that filled Jerusalem. He declared that Jesus of Nazareth had worked amazing wonders and deeds and had been raised from the dead by God the Father. And Jesus had indeed sent the Holy Spirit, as he had promised.

Peter continued his speech, telling the crowds that all who were gathered there had seen and heard the coming of the Holy Spirit. They had to know that the crucified Jesus had been raised up. Jesus was truly Lord and Messiah!

Pentecost, Holy Family Church, St. Louis Park, Minnesota

73

La comunidad de discípulos de Jesús fue llamada a compartir el mensaje proclamado por Pedro. Serían los testigos de Jesucristo en el mundo, el Espíritu Santo los guiaría. Al principio era un grupo tímido, que tenía miedo, que había huido cuando Jesús fue arrestado, juzgado y crucificado. Con la ayuda del Espíritu Santo, sin embargo, ellos se fortalecieron y perdieron el miedo. El Espíritu Santo los llenó con el fuego de la fe y les dio el valor de proclamar la buena nueva del Cristo resucitado.

¿Qué pasó en Pentecostés? Si hubieses estado ahí, ¿cómo crees que hubieses actuado?

¿Sabías?

Antes de escoger a sus apóstoles, Jesús se fue a la montaña a orar. Cuando estaba enviando a los apóstoles les dijo: "Como el Padre me envió a mí, así yo los envío a ustedes" (Juan 20:21). Los apóstoles tenían el poder de actuar en el nombre de Jesús porque fueron enviados por él. He aquí el nombre de los doce apóstoles:

Simón, llamado Pedro

Andrés, hermano de Pedro

Santiago, hijo de Cebedeo

Juan, hermano de Santiago

Felipe, un pescador

Bartolomé, también conocido como Nataniel

Tomás, cuyo nombre significa mellizo

Mateo, un recolector de impuestos

Juan, hijo de Alfeo

Tadeo, también llamado Judas

Simón, llamado el celote

Judas Iscariote, quien traicionó a Jesús

The community of Jesus' disciples was called to share this message that Peter proclaimed. They would be the witnesses of Jesus Christ in the world, and the Holy Spirit would guide them. At first they had been a timid and fearful group: They had run away when Jesus was arrested, tried, and put to death. With the help of the Holy Spirit, however, they became strong and fearless. The Holy Spirit filled them with the fire of faith and the courage to proclaim the Good News of the risen Christ.

What happened at Pentecost? If you had been there, how do you think you would have acted?

Calling of the Apostles
Peter and Andrew, by Duccio.

Do YOU Know?

Jesus went alone to a mountain and prayed all night before he chose his Apostles. When he was commissioning the Apostles, Jesus said, "As the Father has sent me, so I send you" (John 20:21). Because they were sent by Jesus, the Apostles had the power to act in Jesus' name. The Twelve Apostles were:

Simon,
later called Peter

Andrew,
Simon Peter's brother

James,
son of Zebedee

John,
James' brother

Philip,
a fisherman

Bartholomew,
also known as Nathanael

Thomas,
whose name means "twin"

Matthew,
a tax collector

James,
son of Alphaeus

Thaddeus,
also known as Jude

Simon
the Zealot

Judas Iscariot,
Jesus' betrayer

El Espíritu Santo ayudó a los discípulos a ser testigos de Jesús.

La proclamación de Pedro de que Jesús es el Señor fue enérgica. El título de Señor era reservado para Dios, Pedro verdaderamente creía en la divinidad de Jesús. "Vuélvanse a Dios y bautícese cada uno en el nombre de Jesucristo, para que Dios les perdone sus pecados, y así él les dará el Espíritu Santo" (Hechos de los Apóstoles 2:38).

El Espíritu Santo estaba trabajando por medio de los apóstoles. Por el poder del Espíritu Santo miles de personas cambiaron sus vidas:

- ellos fueron bautizados.
- sus pecados les fueron perdonados.
- compartieron el don del Espíritu Santo.
- el Espíritu Santo les hizo uno en su amor por Dios y por los demás.

Leemos en Hechos de los Apóstoles acerca de la forma en que vivían los primeros cristianos. Ellos estaban comprometidos a vivir las enseñanzas de los apóstoles sobre Jesús. Ellos vivían juntos en hermandad y oración. Los primeros cristianos comían juntos y compartían sus posesiones. Ellos se preocupaban de los necesitados de la mejor manera posible. Eran testigos de Jesús en lo que decían y hacían.

Ser testigo es evidenciar o testificar acerca de la validez o veracidad de algo. *Testigo* es "alguien que ha visto o escuchado algo o que ofrece evidencia". Esta palabra nos trae la imagen de los testigos presenciales de un crimen o de un testigo en la corte. Ser testigo

o testificar en este sentido no es una tarea de toda la vida. Pero Jesús nos llama a ser testigos toda la vida. **Testigos** son personas que hablan y actúan basadas en lo que conocen y creen sobre Jesucristo.

Ser cristiano no es sólo creer en Cristo. Debemos ser testigos de Cristo en todo lo que hacemos y decimos. Tenemos que compartir la buena nueva de Jesús con otros. Cuando la gente nos ve debe ver el poder de Cristo trabajando en nuestras vidas. Para que así ellos también crean.

Los apóstoles fueron los primeros testigos de Jesús—ellos lo vieron, lo tocaron y hablaron con él. Los primeros cristianos fueron llamados a ser testigos de la vida y la misión de Jesús. Muchos practicaron su fe a pesar de la persecución por parte de gobiernos y personas no cristianas.

Nosotros somos llamados a ser testigos de Cristo con nuestras acciones, palabras y pensamientos en nuestras vidas diarias. Algunas veces se necesita valor, otras sacrificio, pero el Espíritu Santo está siempre con nosotros mientras tratamos de vivir como seguidores de Cristo.

> Describe a alguien que es un verdadero testigo de la vida y las enseñanzas de Cristo.

The Holy Spirit helped the disciples to be Christ's witnesses.

Peter's proclamation of Jesus as Lord was very powerful. Lord was a title reserved only for God, and Peter truly believed in Jesus' divinity. Peter told the people gathered, "Repent and be baptized, every one of you, in the name of Jesus Christ for the forgiveness of your sins; and you will receive the gift of the holy Spirit" (Acts of the Apostles 2:38).

The Holy Spirit was at work through the Apostles. Through the power of the Holy Spirit, thousands of people changed their lives:

- They were baptized.
- Their sins were forgiven.
- They shared in the Gift of the Holy Spirit.
- The Holy Spirit made them one in their love for God and one another.

We read in the Acts of the Apostles about the way the early Christians tried to live. They committed themselves to the Apostles' teachings about Jesus. They lived together in fellowship and prayer. The early Christians ate together and shared their possessions. They cared for the needy as best they could. In what they said and what they did, they were witnesses of Jesus Christ.

To witness is to provide evidence for or to testify to the truth or validity of something. The word *witness* means "someone who has seen or heard something, or someone who gives evidence." This word brings up images of an eyewitness to a crime or a character witness in a court hearing. Being a witness or giving witness in these situations is not a life long task. But being a life long witness is exactly what Jesus calls us to. **Witnesses** are people who speak and act based upon what they know and believe about Jesus Christ.

To be a Christian is not just to believe in Jesus Christ. We must give witness to Christ in all that we say and do. We need to share the Good News of Jesus with others. When people see us, they should see the power of Christ working in our lives. If they do, they may come to believe, too.

The Apostles were the first witnesses of Jesus—they saw, touched, and spoke with him. The early Christians were called to give witness to the life and mission of Jesus. Many practiced their faith in spite of persecution from the government and from people who were not Christians.

We, too, are called to be Christ's witnesses through the actions, words, and thoughts of our daily lives. Sometimes this requires courage; sometimes it requires sacrifice; but through it all the Holy Spirit is with us, assisting us in living as followers of Jesus Christ.

> Describe someone who is a true witness to Christ's life and teachings.

CRECIENDO EN LA FE

ORACION

Jesús rezaba constantemente. El daba gracias al Padre por sus bendiciones. Jesús pidió fortaleza y dirección y enseñó a los discípulos a hacer lo mismo. Jesús les dijo: "Pidan, y Dios les dará; busquen, y encontrarán; llamen a la puerta, y se les abrirá" (Lucas 11:9).

✝ *S*opla sobre mí, Espíritu Santo,
para que mis pensamientos sean santos.
Muéveme, Espíritu Santo
para que mi trabajo también sea santo.
Atrae mi corazón, Espíritu Santo,
para que ame sólo lo que es santo.
Fortaléceme, Espíritu Santo,
para que pueda defender todo lo que es santo.
Protégeme, Espíritu Santo,
para que pueda ser santo.
Amén.

RECUERDA

la Iglesia enseña que:

◎ Dios Espíritu Santo es la tercera Persona de la Santísima Trinidad.

◎ los apóstoles fueron doce hombres escogidos por Jesús para compartir su misión en forma especial.

◎ Jesucristo envió el don del Espíritu Santo a sus discípulos.

◎ el Espíritu Santo es el abogado: el consolador, el maestro quien nos fortalece y nos guía.

◎ el Espíritu Santo está en nosotros y con nosotros todo el tiempo, nos dirige como pueblo de Dios y hace que la Iglesia sea una en verdad y amor.

Vocabulario

apóstoles (pag.70)
Pentecostés (pag. 72)
testigos (pag. 76)

REFLEXIONA Y ACTUA

¿Cómo prefieres pensar sobre el Espíritu Santo, consolador, maestro, guía o defensor? ¿Por qué? Cuando necesitas ayuda, ¿pides al Espíritu Santo te guíe y ayude?

Piensa en formas en que puedes ser un testigo activo de la vida y enseñanzas de Jesús. Planifica hacerlo esta semana.

Growing in Faith

PRAY

Jesus prayed at all times of the day. He asked his Father's blessing before he acted, and he thanked his Father afterward. Jesus prayed for strength and direction, and he taught his disciples to do the same. Jesus told them, "Ask and you will receive; seek and you will find; knock and the door will be opened to you" (Luke 11:9).

✝ Breathe into me Holy Spirit,
that my thoughts may be all holy.
Move in me, Holy Spirit,
that my work too, may be holy.
Attract my heart, Holy Spirit,
that I may love only what is holy.
Strengthen me, Holy Spirit,
that I may defend all that is holy.
Protect me, Holy Spirit,
that I always may be holy.
Amen.

REMEMBER
The Church teaches...

◎ God the Holy Spirit is the third Person of the Blessed Trinity.

◎ The Apostles were twelve men chosen by Jesus to share in his mission in a special way.

◎ Jesus Christ sent his disciples the Gift of the Holy Spirit.

◎ The Holy Spirit is the Advocate: the helper, consoler, and teacher who strengthens and guides us.

◎ The Holy Spirit is in us and with us at all times, drawing us together as God's people, making the Church one in truth and love.

Faith Words

Apostles (p. 71)
Pentecost (p. 73)
witnesses (p. 77)

REFLECT & ACT

Do you prefer to think of the Holy Spirit as a helper, teacher, consoler, or defender? Why? When you are in need of help, do you ever ask the Holy Spirit to guide or help you?

Think about the ways you can be an active witness to Jesus' life and teachings. Plan to do two of these things sometime this week.

La Iglesia Católica

Durante su visita a San Luis en 1999, el beato papa Juan Pablo II dijo: "La juventud es un maravilloso don de Dios. Es un tiempo de energía, oportunidades y responsabilidades especiales. . .Usen bien los dones que el Señor les ha dado. Cristo les está llamando; la Iglesia necesita de ustedes".

¿Cómo te sientes al saber que la Iglesia te necesita?

¿Cómo puede la Iglesia ayudarte a contestar el llamado de Jesucristo a seguirle?.

The Catholic Church

During his 1999 visit to St. Louis, Blessed Pope John Paul II said, "Youth is a marvelous gift of God. It is a time of special energies, special opportunities, and special responsibilities. . . . Use well the gifts the Lord has given you." The Pope told the youth, "Christ is calling you; the Church needs you."

How does it feel to know that the Church needs you?

How can the Church help you to answer Jesus' call to follow him?

Jesús nos invita a seguirle en su Iglesia.

Desde el inicio de su vida pública, Jesús llamó a la gente a seguirlo. La gente escuchó su mensaje sobre la venida del reino de Dios Padre. Escucharon su promesa de nueva vida.

Más y más gente respondió a la invitación de Jesús. Entre sus seguidores, los apóstoles fueron un grupo especial escogido por Jesús. Ellos se quedaron con él y viajaron con él. Conocieron a Jesús y se conocieron entre sí. Los apóstoles compartieron la misión y la autoridad de Jesús. Jesús les dio el poder de continuar su misión de predicar y sanar. Con ellos Jesús formó la comunidad que llamamos Iglesia.

La **Iglesia** es la comunidad de personas que creen en Jesucristo, han sido bautizados en él y aceptan sus enseñanzas. Los miembros de la Iglesia se llaman cristianos y siguen las huellas de Jesús. La Iglesia Católica está arraigada en creencias, ministerio y sacramentos que se remontan a los tiempos de los apóstoles.

Jesucristo, el Hijo de Dios, es la piedra angular de la Iglesia y la fuente de nuestra identidad como sus miembros. Dios Espíritu Santo es nuestra fuerza viva que nunca acaba y que:

- nos hace uno, preservando la Iglesia en su verdadera identidad como la comunidad de fe fundada por Cristo

- nos llama a adorar y a rezar

- dirige a la Iglesia a enseñar, servir y gobernar.

En la celebración dominical de la Eucaristía rezamos esta antigua profesión de fe: "Creemos en una Iglesia, santa, católica y apostólica". Esa es nuestra creencia y una buena descripción de la Iglesia.

Una, santa, católica y apostólica—estas son las cuatro **características de la Iglesia**, o rasgos esenciales de la Iglesia que empezó Jesucristo. Por medio de estas características la Iglesia se conoce y reconoce. Estos rasgos no se dan por sí solos. Es por Cristo y por medio del Espíritu Santo que la Iglesia es una, santa, católica y apostólica.

> Describe la Iglesia. ¿Qué papel juega el Espíritu Santo en la vida de la Iglesia?

Jesus invites us to follow him in his Church.

From the very beginning of his public ministry, Jesus called people to follow him. People listened to his message about God the Father and the coming of his Kingdom. They heard his promise of new life.

More and more people responded to Jesus' invitation to follow him. Among his followers, the Apostles were a special group handpicked by Jesus. They stayed with Jesus and traveled together. They got to know Jesus and one another. The Apostles shared in Jesus' mission and authority, and Jesus gave them the power to continue his preaching and healing. With them Jesus formed the community we call the Church.

The **Church** is the community of people who believe in Jesus Christ, have been baptized in him, and follow his teachings. Members of

the Church are called Catholics. The Catholic Church is rooted in beliefs, sacraments, and ministry that go back through the centuries to Jesus and the Apostles.

Jesus Christ, the Son of God, is the cornerstone of the Church and the source of our identity as its members. But God the Holy Spirit is our unending life force:

- making us one, preserving the Church in its true identity as the faith community founded by Christ
- calling us to worship and pray
- leading the Church in teaching, serving, and governing.

At the Sunday celebration of the Eucharist we pray this ancient profession of faith: "We believe in one holy catholic and apostolic Church." This is our belief, and it is a good description of the Church.

One, holy, catholic, and apostolic—these are the four identifying **Marks of the Church**, or essential characteristics of the Church begun by Jesus Christ. Through these characteristics the Church is known and recognized. But we, the members of the Church, could not bring about these characteristics alone. It is by Christ and through the Holy Spirit that the Church is one, holy, catholic, and apostolic.

Describe the Church. What role does the Holy Spirit play in the life of the Church?

2 La Iglesia es una y santa.

En la última cena, Jesús pidió al Padre por sus seguidores: "Que estén completamente unidos, como tú y yo" (Juan 17:11). En la primera Carta a los corintios, San Pablo habla a la comunidad cristiana como una. El habló en términos de cuerpo, una unidad maravillosa. Cada parte tiene una función y todas las partes trabajan por el bienestar de todo el cuerpo.

San Pablo escribió: "Ustedes son el cuerpo de Cristo, y cada uno de ustedes es parte de ese cuerpo" (1 de Corintios 12:27). Ser *una* es una característica de la Iglesia. Es una, unida por la unidad del Padre, el Hijo y el Espíritu Santo. Sus miembros juntos forman un cuerpo con Jesucristo como cabeza, y el Espíritu Santo como fuente de su vida, unidad y dones.

En la Carta a los Efesios, San Pablo identifica algunas de las cosas que nos hacen una. Es así como él anima a los hermanos cristianos a vivir:

> Estoy preso por la causa del Señor, les ruego que se porten como deben hacerlo los que han sido llamados por Dios, como lo fueron ustedes. Sean humildes y amables; tengan paciencia y sopórtense unos a otros con amor; procuren mantenerse siempre unidos, con la ayuda del Espíritu Santo y por medio de la paz que ya los une. Hay un solo cuerpo y un solo Espíritu, así como Dios los ha llamado a una sola esperanza. Hay un Señor, una fe, un bautismo; hay un Dios y padre de todos, que está sobre todos, actúa por medio de todos y está en todos. (Efesios 4:1–6)

Como católicos celebramos nuestra unidad en la Eucaristía. Como comunidad somos nutridos por el sacramento de la Eucaristía, el Cuerpo y la Sangre de Cristo, y fortalecidos en nuestra fe común. También celebramos otros sacramentos y tenemos como nuestros líderes a los obispos.

Santa es otra característica con que identificamos la Iglesia. La gente no nace santa. Sólo Dios es santo. Nuestra santidad es siempre el compartir en la santidad de Dios. Pero por su muerte y resurrección, Jesús ha preparado el camino para que la gente sea santa. El nos llamó a ser santos dedicados a Dios, al único Santo, y dedicados unos a otros.

En nuestras vidas, somos llamados a continuar nuestra relación con Dios y con los demás, una forma en que podemos hacer esto es rezando, especialmente celebrando los sacramentos y sirviendo a los demás.

La santidad describe a quienes escuchan el mensaje del evangelio y responden a él. Nuestro reto diario es vivir como Jesús nos enseñó. Al hacer lo correcto empezamos a crecer en santidad. Durante años la Iglesia ha guiado a mucha gente a la santidad. La santidad es un rasgo esencial de la Iglesia.

¿Cuáles son señales de que la Iglesia es una y santa?

2 The Church is one and holy.

At the Last Supper Jesus prayed to his Father for his followers "that they may be one just as we are" (John 17:11). In the first letter to the Corinthians, Saint Paul also spoke of the Christian community as one. He spoke of the Church in terms of the body. The body has a marvelous unity. Each part has its own function, and all parts work for the good of the whole body.

Saint Paul wrote, "Now you are Christ's body, and individually parts of it" (1 Corinthians 12:27). Being *one*, then, is a Mark of the Church. She is one, brought into unity by the unity of the Father, Son, and Holy Spirit. Her members together form the one Body of Christ, with Jesus Christ as the head, and with the Holy Spirit as the source of its life, unity, and gifts.

In his letter to the Ephesians, Saint Paul identified some of the things that make us one. This is how he encouraged his fellow Christians to live as one:

> What are some signs that the Church is one? that the Church is holy?

I . . . urge you to live in a manner worthy of the call you have received, with all humility and gentleness, with patience, bearing with one another through love, striving to preserve the unity of the spirit through the bond of peace: one body and one Spirit, as you were also called to the one hope of your call; one Lord, one faith, one baptism; one God and Father of all, who is over all and through all and in all.
Ephesians 4:1–6

As Catholics we celebrate our unity in the Eucharist. As a community we are nourished by the Sacrament of the Eucharist, the Body and Blood of Christ, and are strengthened in our one common faith. We also celebrate the other sacraments and have as our leaders the bishops.

Holiness is another mark by which we identify the Church. People are not born holy. Only God is holy. Our holiness is always a share in God's holiness. But by his Death and Resurrection, Jesus prepared the way for people to become holy. He calls us to be a holy people dedicated to God, the Holy One, and dedicated to one another.

In our lives, we are called to carry out our loving relationship with God and with one another. One way we do this is through prayer, especially the celebration of the sacraments, and by serving others.

Holiness describes those who listen to the Gospel message and respond to it. Our daily challenge is to live as Jesus taught. Only by trying consciously to do what is right can we begin to grow in holiness. Throughout the ages the Church has guided many people to lead holy lives. Holiness is an essential characteristic of the Church.

La Iglesia es católica (universal) y apostólica.

Otro rasgo que identifica a la Iglesia es que es *católica*—universal y mundial. Esto significa que la Iglesia acoge a todo el mundo para escuchar y aceptar la buena nueva de la salvación de Jesús. La Iglesia está en todas partes, incluye personas de todas las razas, color, nacionalidad y posición económica. La Iglesia existe en todas las culturas y lenguajes, celebrando el ministerio de Jesucristo en tradiciones y ritos litúrgicos diversos.

¿Sabías?

El papa y los obispos, los sucesores de los apóstoles, algunas veces se reúnen para hablar y tomar decisiones en asuntos de fe, moral y vida en la Iglesia. Estas reuniones son llamadas **concilios ecuménicos**. Cuando un concilio define solemnemente una doctrina que ha sido divinamente revelada, lo hace por el don de la infalibilidad. *Infalibilidad* es el don del Espíritu Santo que mantiene a la Iglesia libre de error en sus creencias y enseñanzas en lo referente a la revelación divina y el depósito de fe. El papa también tiene el don cuando específicamente define una doctrina, especialmente a propósito de a la fe y de la moral.

The Church is catholic (universal) and apostolic.

Another identifying Mark of the Church is that it is *catholic*—universal and worldwide. This means that the Church welcomes everyone equally to hear and accept the Good News of Jesus' Salvation for all. The Church is everywhere, including people of every race, color, nationality, and economic status. The Church exists in all cultures and languages, celebrating the one mystery of Jesus Christ in diverse liturgical traditions, or rites.

La imagen de la Iglesia, el *pueblo de Dios*, como *cuerpo de Cristo*, la encontramos en el Nuevo Testamento. Esta imagen se remonta a los tiempos del Antiguo Testamento. Dios escogió al pueblo de Israel como su pueblo. Los primeros cristianos se vieron como parte de la historia del pueblo de Dios, creciendo en la Iglesia de Cristo. El pueblo de Dios se ha dispersado por todo el mundo y, todos entran a formar parte del pueblo de Dios de la misma forma; por la fe y el Bautismo.

Jesús confió la Iglesia a sus apóstoles, sus líderes, a quienes él formó en la fe. El confió en sus apóstoles y les aseguró que el Espíritu Santo estaría con ellos siempre. El Espíritu Santo les ayudaría a predicar la buena nueva a todo el mundo. Desde el inicio, la Iglesia ha sido misionera.

Jesús dijo a sus apóstoles:

> Dios me ha dado toda autoridad en el cielo y en la tierra . . . y enséñenles a obedecer todo lo que les he mandado a ustedes. Por mi parte, yo estaré con ustedes todos los días, hasta el fin del mundo.
> Mateo 28:18–20

Con la venida del Espíritu Santo en Pentecostés, la Iglesia es la señal visible de Cristo trabajando en el mundo. Jesús entregó el liderazgo y el servicio en su comunidad a Pedro y a los demás apóstoles. La Iglesia creció y se construyó en la fe de los apóstoles. Es por eso que decimos que la Iglesia es apostólica, otra característica de la Iglesia.

La autoridad de los apóstoles y la llamada a servir ha pasado a sus sucesores, el papa y los obispos de la Iglesia Católica. A esto se le llama **sucesión apostólica**. El papa, obispo de Roma, es el sucesor de San Pedro. El papa dirige toda la iglesia con sus hermanos los obispos. El papa y los obispos son los auténticos maestros de la Iglesia. Ellos enseñan la fe al pueblo de Dios, lo que se debe creer y aplicar en la vida. La Iglesia sigue siendo enseñada, santificada y guiada por el papa y los obispos.

Hay otras comunidades cristianas en el mundo. Como católicos respetamos y reconocemos que Cristo trabaja en ellos. Junto a ellos rezamos para que la unidad entre todos los que creen en Jesús llegue a ser realidad.

No todas las iglesias cristianas son iguales. La acción total de Cristo y el trabajo del Espíritu Santo está con la Iglesia Católica. La salvación viene de Cristo la cabeza de la Iglesia. Y la Iglesia comparte con cada generación todo lo que cree por medio de la enseñaza, la alabanza y su vida.

> ¿Cómo continúan el papa y los obispos el trabajo de los apóstoles?

People of God, like *Body of Christ*, is an image of the Church that we find in the New Testament. This image comes from Old Testament times. God chose the people of Israel to be his people. The early Christians saw themselves as part of the continuing story of God's people, growing into the Church of Christ. The People of God are spread throughout the world, and all enter into the People of God in the same way: by faith and Baptism.

Jesus entrusted his Church to his Apostles, his chosen leaders whom he had formed in faith. Jesus had confidence in his Apostles, and he assured them that the Holy Spirit would always be with them. The Holy Spirit would help them preach the Good News to the whole world. From its beginning, the Church has been missionary.

Jesus told his Apostles:

All power in heaven and on earth has been given to me. Go, therefore, and make disciples of all nations . . . teaching them to observe all that I have commanded you. And behold, I am with you always, until the end of the age.
Matthew 28:18–20

With the coming of the Holy Spirit on Pentecost, the Church became the visible sign of Christ's continuing work in the world. Jesus had handed over the roles of leadership and service in his community to Peter and the other Apostles. As the Church grew, it was built on the faith of the Apostles. This is why we say the Church is *apostolic*, another identifying Mark of the Church.

The Apostles' authority and call to service have been handed down to their successors, the pope and bishops of the Catholic Church. This is what we call **apostolic succession**. The pope, the bishop of Rome, is the successor to Saint Peter. The pope leads the whole Church with his brother bishops. The pope and bishops are the authentic teachers of the Church. They teach the People of God the faith which is to be believed and applied in moral life. The Church continues to be taught, sanctified (made more holy), and guided by the pope and bishops.

There are other Christian communities in the world besides the Catholic Church. As Catholics we respect these communities and recognize Christ working in them. With them we pray that unity among all who believe in Jesus will be realized.

All Christian churches are not the same, however. The fullness of Christ's action and the working of the Holy Spirit are realized in the Catholic Church. All Salvation comes from Christ, the head through the Church, his Body. And to every generation the Church shares all that she believes through her teaching, worship, and her life.

> How do the pope and bishops continue the work of the Apostles?

CRECIENDO EN LA FE

ORACION

✝ Alabemos al Dios y Padre de nuestro Señor Jesucristo, pues en nuestra unión con Cristo nos ha bendecido en los cielos con toda clase de bendiciones espirituales, Dios nos escogió en Cristo desde antes de la creación del mundo.

Efesios 1:3–4

RECUERDA

la Iglesia enseña que:

◎ la Iglesia es la comunidad de personas que creen en Jesucristo, han sido bautizadas en él y siguen sus enseñanzas.

◎ la Iglesia es una, santa, católica y apostólica. Con estas características la Iglesia de Jesús se conoce y reconoce.

◎ el Espíritu Santo guía y preserva a la Iglesia en su verdadera identidad como la comunidad de fe fundada por Cristo.

◎ Cristo es la piedra angular de la Iglesia. Toda salvación viene de Cristo por medio de la Iglesia.

◎ Pedro y los apóstoles fueron los primeros líderes de la Iglesia. La autoridad apostólica y la llamada al servicio es pasada a los sucesores: el papa y los obispos, quienes enseñan, santifican y gobiernan la Iglesia Católica.

Vocabulario

Iglesia (pag. 82)
características de la Iglesia (pag. 82)
concilios ecuménicos (pag. 86)
sucesión apostólica (pag. 88)

REFLEXIONA Y ACTUA

Todos compartimos la misión de llevar a Cristo a todo el mundo. Somos llamados a compartir quien es Cristo y por que él es tan importante.

¿Qué puedes hacer en tu vecindario o escuela para compartir lo que sabes y cómo te sientes acerca de Jesús?

¿Cuál es la diferencia entre tu vida y la vida de los no católicos?

GROWING IN FAITH

PRAY

✝ **B**lessed be the God and father of. our Lord Jesus Christ, who has blessed us in Christ with every spriritual blessing in the heavens, as he chose us in him, before the foundation of the world.

Ephesians, 1:3–4

REFLECT & ACT

We all share in the mission to bring Christ to all people. We are called to share who Christ is and why he is so important.

What actions can you take in your neighborhood or school to share what you know and how you feel about Jesus?

REMEMBER
The Church teaches...

◎ The Church is the community of people who believe in Jesus Christ, have been baptized in him, and follow his teachings.

◎ The Church has four identifying marks: The Church is one, holy, catholic, and apostolic. By these four essential characteristics Jesus' Church is known and recognized.

◎ The Holy Spirit guides and preserves the Church in its true identity as the faith community founded by Christ.

◎ Christ is the cornerstone of the Church. All Salvation comes from Christ through the Church.

◎ Peter and the Apostles were the first leaders of the Church. The apostolic authority and call to service are handed down to their successors: the pope and bishops who teach, sanctify, and govern the Catholic Church.

Faith Words

Church (p. 83)
Marks of the Church (p. 83)
Ecumenical Councils (p. 87)
apostolic succession (p. 89)

How is your life different from the lives of those who are not Catholic?

Los siete sacramentos

Numerosas y maravillosas verdades,
  ha escrito Dios en las estrellas;
  pero no menos esplendoroso es el florecimiento
  de la revelación de su amor por nosotros.

Brillante y maravillosa es esta revelación,
  escrita en todo nuestro gran mundo;
  evidenciando nuestra propia creación,
  en las estrellas y las doradas flores.

"Flores"
Henry Wadsworth Longfellow

The Seven Sacraments

Wondrous truths, and manifold as wondrous,
　　God hath written in these stars above;
But not less in the bright flowerets under us
　　Stands the revelation of his love.

Bright and glorious is that revelation,
　　Written all over this great world of ours;
Making evident our own creation,
　　In these stars of earth, these golden flowers.

"Flowers"
Henry Wadsworth Longfellow

Dios usa signos para mostrar su amor y poder.

Un signo es algo visible que nos dice algo acerca de algo invisible. En las páginas del Antiguo Testamento aprendemos que el pueblo escogido vivía por signos. Estos signos mostraron que Dios actuaba en su pueblo y conformaba sus vidas. El pueblo interpretaba hasta cosas ordinarias que pasaban como un signo de la preocupación de Dios en sus vidas. La lluvia, la luz y el calor del sol, una familia, una larga vida y la tierra nativa manifestaban la preocupación de Dios.

Dios llenaba la necesidad espiritual y física de su pueblo. Dios sabía que los israelitas sufrían grandemente siendo esclavos de Egipto. El llamó a Moisés para que liberara a los israelitas de la esclavitud. Mientras caminaban por el desierto, buscando un lugar para vivir, Dios los protegía y los guiaba a la libertad. Cuando pidieron agua y comida, Dios hizo brotar agua de una roca y les proveyó *maná*, "pan del cielo". Estos fueron signos para el pueblo escogido de que podía depender de Dios siempre porque él siempre estaría con ellos.

Un evento, una tradición comunitaria, o una persona, pueden ser signos. Dios envió profetas a los israelitas para que hablaran por él y recordaran su amor al pueblo. En el Antiguo Testamento leemos sobre estos profetas como por ejemplo: Isaías, Ezequiel y Jeremías; hombres que algunas veces regañaron al pueblo, recordándole cambiar. Estos profetas fueron signos de la preocupación de Dios por el pueblo.

Jesucristo mismo es el mayor signo y regalo del amor del Padre. En su interacción con el pueblo, Jesús siempre mostró el amor de Dios. Como un padre que da de comer o que conforta a su hijo o disipa el temor de una familia, Jesús estaba siempre dispuesto a cuidar de las necesidades del pueblo. En su vida y enseñanzas, Jesús dejó claro que él se preocupaba de las necesidades de todo el mundo:

- Jesús dio de comer a los hambrientos, enseñó a los ignorantes, buscó a los perdidos y les devolvió el amor y la amistad de Dios.

- Jesús buscó a los ciegos, los sordos, los cojos y los enfermos—y los curó. El les mostró la misericordia y el poder salvador de Dios y los salvó.

Estas obras mostraron no sólo la compasión de Jesús, sino que junto con sus acciones mostraron su divinidad. Jesucristo es el Hijo de Dios, la segunda Persona de la Santísima Trinidad que se hizo hombre. En él vemos, escuchamos y tocamos a Dios. El es el mayor regalo del amor de Dios porque él es Dios.

> ¿Por qué decimos que Jesús es el mayor regalo del amor de Dios? ¿Cómo él nos mostró el amor de Dios y su poder?

God uses signs to show us his love and power.

A sign is something visible that tells us about something that is often invisible. From the pages of the Old Testament we learn that God's chosen people lived by signs. These signs showed that God was acting among his people and shaping their lives. People interpreted even the ordinary things that happened as signs of God's action in their lives. The rain, the light and warmth of the sun, a growing family, a long life, and a homeland all signified God's care.

God met both the physical and spiritual needs of his people. He knew that the Israelites were suffering greatly while they were enslaved in Egypt. God called Moses to lead the Israelites out of Egypt and slavery. As they wandered in the desert in search of a place to live, God protected them. When they cried for water and food, God made water flow from a rock and sent them *manna*, "bread from heaven." These were signs to the chosen people that they could always depend on God because he was always with them.

An event, a community tradition, or a person can be a sign. God sent prophets to the Israelites to speak for him and to remind the people of his love. We read in the Old Testament about such prophets as Isaiah, Ezekiel, and Jeremiah—men who sometimes scolded the people, calling them to change their ways. These prophets were signs of God's concern for the people.

Jesus Christ himself is the greatest gift of the Father's love. In his interactions with people, Jesus always showed God's love. Like a parent bending to comfort or feed a child or to soothe a family's fears, Jesus was there caring for people in need. In his life and his teaching, Jesus made it clear to us that he was concerned about the needs of everyone.

- Jesus fed the hungry, taught the ignorant, and brought people back to God's love and friendship.
- Jesus met the blind, the deaf, the lame, and the sick—and healed them. He showed them God's power and mercy, and saved them.

These works showed Jesus' compassion, but they also showed more. By his words and his actions, Jesus showed that he was divine. Jesus Christ is the Son of God, the second Person of the Blessed Trinity who became man. In him we see, hear, and touch God. He is the greatest gift of God's love because he is God.

> Why do we say that Jesus is the greatest gift of God's love? How did he show God's love and power?

La Iglesia es instrumento y signo de la vida y el amor de Dios entre nosotros.

Después de Pentecostés, los apóstoles y los primeros discípulos se dieron a la tarea de predicar la buena nueva de Jesucristo. Desde esa época hombres y mujeres de fe han luchado para establecer la Iglesia en todas las naciones del mundo.

Al proclamar y vivir el mensaje del evangelio, la Iglesia continúa lo que Jesús inició. En la comunidad de la Iglesia, encontramos a la Santísima Trinidad. Encontramos al Padre, al Hijo y al Espíritu Santo cuando oramos y adoramos juntos y seguimos la forma de vivir de Jesús.

Es en la Iglesia que Dios comparte su gracia, su vida y su amistad con nosotros. La Iglesia, entonces, es un instrumento de la gracia de Dios. Por medio de la Iglesia nos unimos con Dios. La Iglesia es también un signo de la gracia de Dios entre nosotros. Por ella podemos unirnos unos a otros.

Estamos unidos al llevar la misión de Jesús de servir a otros. La Iglesia nos ayuda a ayudar a otros y a vivir como vivió Jesús.

Entre las formas en que la Iglesia es un signo de la gracia de Dios están las obras particulares de adoración o celebraciones comunitarias que llamamos sacramentos. Sacramentos son eventos que también son signos. **Sacramentos** son signos efectivos dados por Jesucristo por medio de los cuales compartimos en la vida de Dios. Dios actúa por medio de los sacramentos para que ocurra lo que el sacramento significa.

Por el poder del Espíritu Santo, Jesús está presente en la Iglesia y en forma especial en sus sacramentos. Los sacramentos nos ayudan a crecer en santidad, a construir el cuerpo de Cristo y a adorar y alabar a Dios.

> Describe como la Iglesia es un signo y un instrumento del amor de Dios en el mundo.

② The Church is a sign and instrument of God's life and love among us.

After Pentecost the Apostles and first disciples set about the task of spreading the Good News of Jesus Christ. Since that time, men and women of faith have sought to establish the Church in every nation throughout the world.

By proclaiming and living out the Gospel message, the Church continues what Jesus began. In the community of the Church, we meet the Blessed Trinity. We meet Father, Son, and Spirit when we pray and worship together, and when we follow Jesus' way of living.

It is in the Church that God shares his grace, or life and friendship, with us. The Church, therefore, is an instrument of God's grace.

Through the Church we can be united with God. The Church is also a sign of God's grace among us. Through the Church we can be united with one another. We are united in carrying out Jesus' mission of service to others. The Church helps us to help others and to live as Jesus did.

Among the ways that the Church is a sign of God's grace are particular acts of worship, or community celebrations, that we call sacraments. Sacraments are events that are signs, too. **Sacraments** are effective signs given to us by Jesus Christ through which we share in God's life. God acts through the sacraments to effect, or cause to happen, the very thing for which these signs stand.

By the power of the Holy Spirit, Jesus is present in the Church in a unique way in his sacraments. The sacraments help us to grow in holiness, to build up the Body of Christ, and to give worship and praise to God.

> Describe how the Church is a sign and an instrument of God's love in the world.

97

3 Por medio de los siete sacramentos compartimos la gracia de Dios.

Hay siete sacramentos, en cada uno Dios nos invita a compartir su vida de manera especial. Cada uno de los sacramentos —Bautismo, Confirmación, Eucaristía, Penitencia, Unción de los Enfermos, Orden Sagrado y Matrimonio— marca un momento específico de nuestro crecimiento como cristianos.

La Iglesia nos invita a participar plenamente en la vida de Cristo por medio de *los sacramentos de iniciación cristiana*: Bautismo, Confirmación y Eucaristía. Por medio de estos tres sacramentos somos bienvenidos a la Iglesia, fortalecidos en la fe por el Espíritu Santo y alimentados por el mismo Cristo.

- Bautismo es el primer sacramento de nuestra iniciación en la Iglesia. Ser bautizado significa nacer de nuevo, compartir la vida de Cristo. Por medio del Bautismo nos hacemos hijos de Dios, somos librados del pecado y bienvenidos en la Iglesia.

- En la Confirmación recibimos el don del Espíritu Santo de manera especial.

- Por medio de la Eucaristía completamos nuestra iniciación en la Iglesia. La Eucaristía es el sacramento del Cuerpo y la Sangre de Cristo. Por el resto de nuestras vidas seremos alimentados y nuestra vida de gracia sustentada cuando recibimos la sagrada comunión.

La Penitencia y la Unción de los Enfermos, se conocen como *sacramentos de sanación*. Aun cuando empezamos una nueva vida de gracia por medio de los sacramentos de iniciación, estamos sujetos al sufrimiento, la enfermedad y el pecado. Estos dos sacramentos de sanación devuelven la fortaleza a nuestra vida de gracia.

En la celebración del sacramento de Penitencia y Reconciliación, la Iglesia recibe el amor misericordioso de Dios. Los verdaderamente arrepentidos de sus pecados y firmemente comprometidos a no pecar más, van a Dios en busca de perdón. Son reconciliados con Dios. Su relación con Dios y la Iglesia es restablecida y sus pecados perdonados.

¿Sabías?

Es en la **parroquia** que nos reunimos como una comunidad de creyentes que adoran y trabajan juntos. En la parroquia celebramos los sacramentos, participamos en la educación de la fe y crecemos en amor a Dios y a los demás por medio de buenas obras. El **párroco** es el sacerdote que dirige la parroquia en la alabanza, la oración y la enseñanza. Cada parroquia es parte de un grupo de parroquias que forman una diócesis. Una **diócesis** es un área local de la Iglesia dirigida por un obispo.

Through the Seven Sacraments we share in God's grace.

There are Seven Sacraments, and in each one God invites us to share in his life in a special way. Each of the Seven Sacraments —Baptism, Confirmation, the Eucharist, Penance and Reconciliation, the Anointing of the Sick, Holy Orders, and Matrimony— marks a particular time in our growth as a Christian.

The Church invites us to full participation in Christ's life through the *Sacraments of Christian Initiation*: Baptism, Confirmation, and the Eucharist. Through these three sacraments we are welcomed into the Church, strengthened in faith by the Holy Spirit, and nourished by Christ himself.

- Baptism is the first sacrament of our initiation into the Church. To be baptized means to be born anew, to share in Christ's life. Through Baptism, we become children of God, are freed from sin, and are welcomed into the Church.

- In Confirmation, we receive the Gift of the Holy Spirit in a special way.

- Through the Eucharist we complete our initiation into the Church. The Eucharist is the Sacrament of Christ's Body and Blood. For the rest of our lives we will be nourished, and our life of grace will be sustained, when we receive Holy Communion.

Two other sacraments, Penance and the Anointing of the Sick, are known as *Sacraments*

of Healing. Even though we begin a new life of grace through the Sacraments of Initiation, we are still subject to suffering, illness, and sin. These two Sacraments of Healing restore and strengthen our life of grace.

In the celebration of the Sacrament of Penance, also known as the Sacrament of Reconciliation, the Church experiences God's loving forgiveness. Those who are truly sorry for their sins and are firmly committed to sin no more, turn back to God. Their relationship with God and the Church is restored, and their sins are forgiven.

Do YOU Know?

It is in the **parish** that we gather as a community of believers who worship and work together. In the parish we celebrate the sacraments, participate in the education of the faith, and grow in love for God and one another through good works. A **pastor** is the priest who leads the parish in worship, prayer, and teaching. Each parish is part of a large group of parishes that make up a diocese. A **diocese** is a local area of the Church led by a bishop.

El sacramento de Unción de los Enfermos llama a la Iglesia a preocuparse por los miembros enfermos o ancianos. En este sacramento la gracia y el amor de Dios es dado a personas gravemente enfermas, o que están sufriendo debido a su avanzada edad. Por medio de este sacramento reciben la gracia de Dios y son unidas al sufrimiento de Cristo.

Finalmente, la Iglesia tiene dos *sacramentos al servicio de la comunión*: Orden Sagrado y Matrimonio. Estos sacramentos conciernen a la salvación de otros. Dan a quienes los reciben una misión específica, un papel, en la construcción de la Iglesia.

El sacramento del Orden, ordena hombres bautizados para servir en la Iglesia como obispos, sacerdotes y diáconos.

Los obispos, los sacerdotes y los diáconos tienen diferentes papeles y responsabilidades en su servicio a la comunidad pero todos reciben el sacramento del Orden. Sin embargo, los obispos reciben la totalidad del Orden Sagrado.

En el sacramento del Matrimonio, un hombre y una mujer se hacen esposos y se comprometen a ser fieles uno al otro por el resto de sus vidas. La comunidad y el ministro ordenado son testigos de sus votos de amor por cada uno de la misma manera que Cristo amó su Iglesia.

Este sacramento perfecciona el amor que los esposos comparten y fortalece su unidad. Por medio de este sacramento, la pareja puede ayudarse mutuamente para vivir santamente al servicio de otros y la comunidad. Ellos reciben a los hijos en sus vidas y crean un hogar de fe, oración y amor.

Los sacramentos son verdaderas fuentes de vida. Nos nutren y fortalecen nuestra fe y en ellos la comunidad de fe de la Iglesia encuentra a Jesucristo.

¿Qué es un sacramento? ¿Por qué los sacramentos son importantes?

The Sacrament of the Anointing of the Sick calls upon the whole Church to care for its sick or aged members. In this sacrament God's grace and comfort are given to those who are seriously ill, or who are suffering because of their old age. Through this sacrament they are united to the suffering of Christ and receive God's grace.

Finally, the Church has two *Sacraments at the Service of Communion*: Holy Orders and Matrimony. These two sacraments are concerned with the Salvation of others. These sacraments give those who receive them a particular mission, or role, in the building up of the Church.

In the Sacrament of Holy Orders, baptized men are ordained to serve the Church as bishops, priests, and deacons.

Bishops, priests, and deacons have different roles and responsibilities in their service to the community, but they all receive the Sacrament of Holy Orders. Only bishops, however, receive the fullness of Holy Orders.

In the Sacrament of Matrimony, a man and a woman become husband and wife and promise to be faithful to each other for the rest of their lives. The priest and community witness to their vows to love each other as Christ loves his Church. This sacrament perfects the love the spouses share and strengthens their unity. Through this sacrament the married couple help each other to live holy lives in service to each other and to the community. They welcome children into their lives and create a home of faith, prayer, and love.

The sacraments are truly sources of life for us. They nourish and strengthen our faith, and in them the faith-filled community of the Church meets the risen Christ.

What is a sacrament? Why are the sacraments important?

CRECIENDO EN LA FE

ORACION

Los sacramentos empiezan con signos que vemos, sentimos o escuchamos: agua, aceite, pan y vino, palabras y gestos. Dios actúa por medio de cosas ordinarias que hacen nuestras vidas extraordinarias. Bendiciones y alabanzas a Dios es una de las formas en que respondemos a la acción de Dios en nuestras vidas. Juntos recen el siguiente salmo:

✝ Canten al Señor una canción nueva;
canten al Señor, habitantes de toda
la tierra;
canten al Señor, bendigan su nombre;
anuncien día tras día su salvación,
hablen de su gloria y de sus maravillas
ante todos los pueblos y naciones.
Salmo 96:1–3

RECUERDA

la Iglesia enseña que:

◉ Jesucristo es el mayor signo de Dios. En él encontramos al Dios invisible en forma visible.

◉ la Iglesia es el signo visible y el instrumento donde encontramos a Dios.

◉ los siete sacramentos son signos efectivos dados por Jesucristo por medio de los cuales compartimos en la vida de Dios.

◉ los sacramentos nos ayudan a crecer en santidad, a construir el cuerpo de Cristo y alabar a Dios.

Vocabulario

sacramentos (pag. 96)
parroquia (pag. 98)
párroco (pag. 98)
diócesis (pag. 98)

REFLEXIONA Y ACTUA

¿Has visto a Dios en las acciones de alguien? Describe la persona y explica como actuó.

¿Qué sacramentos has recibido? ¿Cómo recibir esos sacramentos te ayuda a llevar el mensaje de Jesús a tu vecindario y a tu comunidad?

GROWING IN FAITH

PRAY

In the sacraments, we begin with signs we can see, feel, or hear: water, oil, bread and wine, human words and gestures. God acts through the ordinary to make our lives extraordinary. Blessing and praising God is one way we respond to God's action in our lives. Pray together the following psalm:

✝ Sing to the LORD a new song;
    sing to the LORD, all the earth.
Sing to the LORD, bless his name;
    announce his salvation day after day.
Tell God's glory among the nations;
    among all peoples, God's marvelous
    deeds.
Psalm 96:1–3

REMEMBER

The Church teaches...

◎ Jesus Christ is God's greatest gift. In Jesus we meet the invisible God in a visible way.

◎ The Church is the visible sign and instrument by which we meet God.

◎ The Seven Sacraments are effective signs given to us by Jesus Christ through which we share in God's life.

◎ The sacraments help us to grow in holiness, to build up the Body of Christ, and to give worship to God.

Faith Words

sacraments (p. 97)
parish (p. 99)
pastor (p. 99)
diocese (p. 99)

REFLECT & ACT

Have you ever seen God through the actions of someone else? Describe that person and tell how he or she acted.

What sacraments have you received? How can receiving those sacraments help you to bring Jesus' message to your neighborhood or community?

Hacerse católico

◎ Piensa en alguna ocasión cuando por primera vez fuiste a una escuela, un club, o un equipo. ¿Cómo te recibieron? ¿Hubo alguna persona o experiencia que te hizo sentir bienvenido? ¿Qué hiciste para pertenecer a la comunidad?

Think about a time when you were a new member of a school, a club, or a team. How were you welcomed? Was there a person or experience that made you feel like you really belonged? What things did you do to become more a part of the community?

Becoming Catholic

1 El sacramento del Bautismo nos da la bienvenida a la Iglesia.

El Evangelio de Mateo concluye cuando Jesús dice a sus discípulos: "Vayan, pues, a las gentes de todas las naciones, y háganlas mis discípulos; bautícenlas en el nombre del Padre, del Hijo y del Espíritu Santo" (Mateo 28:19).

Estas palabras nos muestran algo muy importante acerca de la Iglesia y nuestra vida en ella. Nos muestran que la Iglesia es universal—abierta a todo el mundo en todas partes y que todos somos invitados a ser uno en Cristo. Estas palabras nos muestran que empezamos nuestra vida en la Iglesia por medio del sacramento del Bautismo y que compartimos este sacramento con todos los miembros de la Iglesia.

Cada uno de nosotros en la Iglesia ha sido bienvenido en el Bautismo y cada uno es llamado a dar la bienvenida a otros. En nuestro mundo hoy hay muchas personas que no se toman en cuenta. Otras son favorecidas a expensas de otros. La Iglesia trata de dar la bienvenida a todos sin distinción, eso fue lo que Jesús hizo.

Las primeras palabras que escuchamos cuando somos bautizados son palabras de bienvenida. Estas palabras son parte de nuestra iniciación en la Iglesia. Al proceso de hacerse miembro de la Iglesia lo llamamos *iniciación cristiana*. Somos iniciados en la Iglesia por medio de los sacramentos Bautismo, Confirmación y Eucaristía.

Aunque nuestra iniciación total en la Iglesia consiste en estos tres sacramentos, el proceso de iniciación puede variar. Muchas personas son bautizadas cuando son bebés. Si somos bautizados cuando bebés nuestros padres y padrinos afirman su propia fe y prometen ayudarnos a crecer como fieles cristianos.

Si la iniciación cristiana tiene lugar cuando se es adulto el proceso es llamado Iniciación Cristiana de Adultos (RICA). Los adultos reciben los sacramentos durante la Vigilia Pascual el Sábado Santo. En la Iglesia Oriental, la Confirmación es celebrada inmediatamente después del Bautismo seguida de la recepción de la Eucaristía. Esta práctica destaca la unidad de estos sacramentos.

No importa cuando se reciban los sacramentos de iniciación, siempre son celebrados en la parroquia, quien da la bienvenida y ofrece ayuda.

¿Qué es la iniciación cristiana? ¿Cómo has celebrado la iniciación cristiana?

1 In the Sacrament of Baptism we are welcomed into the Church.

The Gospel of Matthew concludes with Jesus telling his first disciples, "Go, therefore, and make disciples of all nations, baptizing them in the name of the Father, and of the Son, and of the holy Spirit" (Matthew 28:19).

These words show us some very important things about the Church and about our life in the Church. They show us that the Church is universal—it is open to all people, everywhere, and all are invited to be one with Christ. These words show us that we begin our life in the Church through the Sacrament of Baptism; we share this sacrament with every member of the Church.

Each of us in the Church is welcomed in Baptism, and each of us is called to welcome others. In our world today people are too often left out, cut off, or held back. Some are even favored at the expense of others. The Church tries to welcome all without distinction. This, after all, is what Jesus did.

Some of the first words we hear from the priest or deacon at Baptism are words of welcome. These words are a part of our initiation into the Church. We call the process of becoming a member of the Church *Christian Initiation*. We are initiated into the Church through the Sacraments of Baptism, Confirmation, and Eucharist.

While our full initiation into the Church always consists of these three sacraments, the process of initiation can vary. Many people are baptized as infants. If we were baptized as babies, we were baptized in the faith of the Church. Our parents and godparents affirmed their own faith and promised to help us grow as faithful Christians.

When adults are initiated into the Church, they participate in a process of formation through the Rite of Christian Initiation of Adults (RCIA). They receive all three Sacraments of Initiation at the Easter Vigil on Holy Saturday. In the Eastern Church, Confirmation is administered immediately after Baptism and followed by the reception of the Holy Eucharist. The practice also highlights the unity of these sacraments.

No matter when we receive the Sacraments of Initiation, they are celebrated in our parish, which welcomes and provides for us.

What is Christian Initiation? How have you celebrated Christian Initiation?

107

El Bautismo nos libera del pecado y nos da la vida y el amor de Dios.

En el Bautismo se nos llama por nuestro nombre para empezar una relación con Dios en la Iglesia. El **Bautismo** es el primer y básico sacramento por medio del cual compartimos la vida divina de Dios, somos librados del pecado original y todo pecado personal, nos hacemos hijos de Dios y somos acogidos en la Iglesia. En el Bautismo nos pasan cosas importantes, este sacramento es necesario para nuestra salvación:

- Recibimos el Espíritu Santo.

- Nuestros pecados son perdonados y nacemos de nuevo como hijos de Dios.

- Nos hacemos miembros del cuerpo de Cristo, la Iglesia.

- Empezamos nuestro peregrinaje en la fe, llenos de la vida, la presencia y el favor de Dios. Este peregrinaje continúa durante toda nuestra vida.

Piensa por un momento acerca del preciado regalo del agua. Sin agua no podríamos vivir. El agua hace crecer las cosas y las limpia, las hace brillar como nuevas, alimenta y renueva.

En el agua del Bautismo, el Espíritu Santo nos limpia y nos deja como nuevos, nos da una nueva vida, renacemos. La palabra *bautizar* quiere decir "sumergir", o hundir. Por medio de las aguas del Bautismo, participamos en el misterio pascual: sufrimiento, muerte, resurrección y ascensión de Cristo. Somos resucitados con él a una nueva vida por medio de este sacramento.

El Bautismo también rompe nuestra atadura al pecado. Todos nacemos con el pecado original, es el primer pecado de la humanidad que nos separó de Dios y trajo el sufrimiento y el mal al mundo. Por el Bautismo somos liberados del pecado.

Baptism frees us from sin and gives us God's life and love.

In Baptism we are called by name to begin a lifelong relationship with God in the Church. **Baptism** is the first and foundational sacrament by which we become sharers in God's divine life, are freed from Original Sin and all personal sins, become children of God, and are welcomed into the Church. Because a number of important things happen to us in Baptism, this sacrament is necessary for Salvation:

- We receive the Holy Spirit.

- Our sins are forgiven, and we are reborn as children of God.

- We become members of the Body of Christ, the Church.

- We begin our journey in faith, filled with God's life, presence, and favor. This is a journey that will continue throughout our lives.

Think for a moment about the precious gift of water. Without water we could not live. Water makes things grow. It nourishes and restores. Water cleanses things, too, making them bright and new.

In the water of Baptism, the Holy Spirit cleanses and makes us new, giving us new life and rebirth. The very word *baptize* means "to immerse," or plunge. Through the waters of Baptism, we participate in the Paschal Mystery: Christ's suffering, Death, Resurrection, and Ascension. We rise with him to new life through this sacrament.

Baptism also breaks our ties to sin. All of us have been born into this world with Original Sin, that first sin of humans that separated us from God and brought suffering and evil into the world. Through Baptism we are freed from this sin.

Sin embargo, seguimos teniendo la necesidad de vencer los efectos del pecado original, y particularmente nuestra inclinación a pecar. Con la gracia de Dios y la ayuda y apoyo de nuestra familia y parroquia podemos escoger hacer lo que está bien como bautizados seguidores de Cristo.

En el Bautismo somos marcados con un carácter indeleble, una marca espiritual que nos reclama como pertenecientes a Cristo. Porque no hay nada que pueda borrar esa marca, el Bautismo no necesita, ni puede repetirse. El Bautismo es un sacramento que sólo puede recibirse una vez.

¿Qué es el Bautismo?

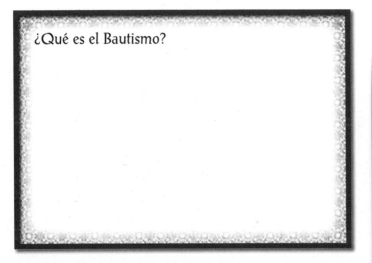

¿Sabías?

El Bautismo es ordinariamente celebrado por un obispo, un sacerdote o un diácono. Pero en emergencia, cualquier persona con buena intención puede bautizar. Se lleva a cabo derramando agua sobre la cabeza de la persona y diciendo las palabras que siempre se usan en el sacramento del Bautismo: "N., yo te bautizo en el nombre del Padre y del Hijo, y del Espíritu Santo".

 3 **La Confirmación nos sella con el Espíritu Santo y fortalece la gracia recibida en el Bautismo.**

En el sacramento de la **Confirmación**, recibimos el don del Espíritu Santo de manera especial. La Confirmación continúa la vida de gracia que empezó con el Bautismo y nos fortalece para ser testigos de Cristo. Somos sellados con el Don del Espíritu Santo, el Espíritu de verdad prometido por Jesús y quien nos guía siempre.

Un candidato a la Confirmación debe profesar la fe, estar en estado de gracia, desear el sacramento y estar preparado para ser discípulo y testigo de Cristo.

En este sacramento, el obispo extiende sus manos sobre los candidatos a la Confirmación y reza para que el don del Espíritu Santo se derrame sobre ellos. El obispo unge a cada candidato con un óleo santo llamado crisma. Impone su mano en la frente del candidato y hace la señal de la cruz en la frente diciendo: "N., recibe por esta señal el don del Espíritu Santo". El candidato responde: "Amén". El santo óleo es un signo de ser sellado, confirmado, con el Espíritu Santo.

However, we still need to overcome the effects of Original Sin, most particularly our inclination to sin. With God's grace and the help and support of our family and parish, we can choose to do what is right as baptized followers of Christ.

In Baptism we are marked with an indelible character, or spiritual mark, that claims us as belonging to Christ. Because no action on our part can erase this character, Baptism does not need to be, nor can it be, repeated. Baptism is a once-in-a-lifetime sacrament.

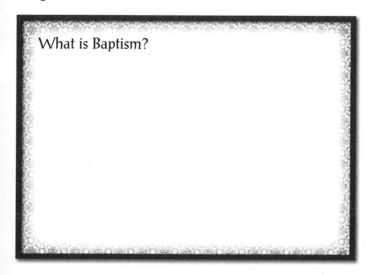

What is Baptism?

 ## 3 Confirmation seals us with the Holy Spirit and strengthens the grace received at Baptism.

In the Sacrament of **Confirmation**, we receive the Gift of the Holy Spirit in a special way. Confirmation continues the life of grace begun in Baptism and strengthens us to be Christ's witnesses. We are sealed with the Gift of the Holy Spirit, the Spirit of truth whom Jesus promised to send and who would guide us always.

A candidate for Confirmation must profess the faith, be in a state of grace, desire the sacrament, and be prepared to be a disciple and witness to Christ.

In this sacrament the bishop extends his hands over the candidates for Confirmation and prays that the Gift of the Holy Spirit will be sent to them. The bishop then anoints each candidate with holy oil called Chrism. He does this by laying his hand on the head of the candidate and at the same time making the Sign of the Cross on the person's forehead while saying: "(Name), be sealed with the Gift of the Holy Spirit." The candidate responds, "Amen." Holy oil is a sign of being sealed, or confirmed, with the Holy Spirit.

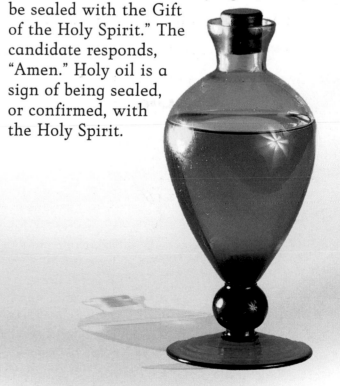

Cuando somos confirmados, el Espíritu Santo nos fortalece con siete dones especiales. Estos **dones del Espíritu Santo** nos ayudan a vivir como fieles seguidores y verdaderos testigos de Jesucristo, fortaleciendo nuestras mentes y nuestras voluntades para hacer lo que Cristo nos pide.

Al igual que el Bautismo, la Confirmación nos marca con carácter indeleble y es también un momento especial de nuestra fe católica. Sólo la celebramos una vez. La Confirmación no se puede repetir y ambos sacramentos siempre deben relacionarse con el tercer sacramento de iniciación, la Eucaristía.

¿Cómo puedes usar los dones del Espíritu Santo para mostrar que sigues a Jesucristo?

DONES DEL ESPIRITU SANTO

Sabiduría—conocimiento y habilidad de reconocer y cumplir la voluntad de Dios en nuestras vidas

Inteligencia—habilidad de amar a los demás como Jesús nos pide

Consejo (justo juicio)—habilidad de tomar buenas decisiones

Fortaleza (valor)—la fortaleza para ser testigos de nuestra fe en Jesucristo

Ciencia—la habilidad de aprender más sobre Dios y su plan, que nos lleva a la sabiduría y el entendimiento

Piedad (reverencia)—amor y respeto por todo lo que Dios ha creado

Temor de Dios (asombro y maravilla)—reconocimiento de la presencia y el amor de Dios que llena toda la creación

When we are confirmed, the Holy Spirit strengthens us with seven special gifts. The **Gifts of the Holy Spirit** help us to live as faithful followers and true witnesses of Jesus Christ, strengthening our minds and our wills to do what Christ asks of us.

Like Baptism, Confirmation marks each of us with an indelible character. And, like Baptism, Confirmation is a special moment in our Catholic faith that we only celebrate once. Confirmation cannot be repeated. And both of these sacraments must always be thought of in relation to the third Sacrament of Initiation, the Eucharist.

How can you use the *Gifts* of the Holy Spirit to show that you are a follower of Christ?

GIFTS OF THE HOLY SPIRIT

Wisdom—the knowledge and ability to recognize and follow God's will in our lives

Understanding—the ability to love others as Jesus calls us to

Counsel (right judgment)—the ability to make good choices

Fortitude (courage)—the strength to give witness to our faith in Jesus Christ

Knowledge—the ability to learn more about God and his plan, leading us to wisdom and understanding

Piety (reverence)—a love and respect for all that God has created

Fear of the Lord (wonder and awe)—a recognition that God's presence and love fills all Creation

CRECIENDO EN LA FE

ORACION

✝ Dios Padre,
completa el trabajo empezado por ti.
Permite que los dones de tu Espíritu estén
vivos en nuestros corazones.
Unenos para vivir el mensaje del evangelio
de tu Hijo y para que podamos hacer su
voluntad.
Que podamos bendecirte y darte gracias
por todos tus regalos.
Amén.

RECUERDA

la Iglesia enseña que:

◎ Bautismo, Confirmación y Eucaristía son los tres sacramentos de iniciación.

◎ Bautismo es el primer y básico sacramento por medio del cual somos librados del pecado, nos hacemos hijos de Dios y somos acogidos en la Iglesia.

◎ en la Confirmación recibimos el don del Espíritu Santo de manera especial. Experimentamos, confirmamos y recibimos con más profundidad la vida del Espíritu Santo que recibimos por primera vez en el Bautismo.

◎ ambos, Bautismo y Confirmación, nos marcan con un sello espiritual indeleble. Sólo podemos recibir estos sacramentos una vez.

Vocabulario

Bautismo (pag. 108)
Confirmación (pag. 110)
dones del Espíritu Santo (pag. 112)

REFLEXIONA Y ACTUA

¿Quiénes son tus padrinos? ¿Qué puedes preguntar a tus padrinos o tus padres sobre tu bautismo?

Mis padrinos de
bautismo son
cipriano y leticia moran.
les puedo preguntar
quien fue el padre
quien me bautiso
y como era la
misa y la iglesia

¿Conoces a alguien que se esté preparando para convertirse al catolicismo? Piensa en algo que quisieras preguntar a esa persona.

No, no conosco a
alguien que se esta

preparando para convertir
en catolicismo, pero quisier
saber porque escojeron
catolicismo

GROWING IN FAITH

PRAY

✝ God our Father,
Complete the work you have begun in us.
Keep the Gifts of your Holy Spirit alive
in our hearts.
Unite us in living your Son's Gospel
message and make us eager to do his will.
May we always bless and thank you
for your gifts to us.
Amen.

REMEMBER
The Church teaches...

- Baptism, Confirmation, and the Eucharist are the three Sacraments of Initiation.

- Baptism is the first and necessary sacrament by which we are freed from sin, become children of God, and are welcomed into the Church.

- In Confirmation, we receive the Gift of the Holy Spirit in a special way. We experience, affirm, and receive in a deeper way the life of the Holy Spirit that we first received at Baptism.

- Both Baptism and Confirmation mark us with an indelible character, or spiritual mark. We can receive these sacraments only once.

Faith Words

Baptism (p. 109)
Confirmation (p. 111)
Gifts of the Holy Spirit (p. 113)

REFLECT & ACT

Who are your godparents? What questions might you ask them or your family members about your own Baptism?

Do you know anyone who is preparing to become a Catholic? Think of some questions to ask that person.

A. Escribe el término al lado de su definición.

Confirmación ✓   Pentecostés ✓   dones del Espíritu Santo

Apóstoles ✓   Bautismo ✓   diócesis ✓

Iniciación cristiana ✓   Espíritu Santo ✓   santa ✓

Una   Apostólica ✓   Católica ✓

Sacramentos de iniciación ✓   Infalibilidad ✓   Iglesia

1. El _Espíritu Santo_ es la tercera Persona de la Santísima Trinidad quien guía y fortalecea la Iglesia.

2. Una _diócesis_ es un área local dirigida por un obispo.

3. _Sacramentos de iniciación_ es el nombre dado a los sacramentos del Bautismo, la Confirmación y la Eucaristía.

4. _Pentecostés_ es el día en que el Espíritu Santo vino a los discípulos de Jesús como él lo había prometido.

5. _Apostólica_ es la característica de la Iglesia que describe su unidad.

6. La _Católica_ es la comunidad de personas que creen en Jesucristo, han sido bautizadas en Cristo y siguen sus enseñanzas.

7. _Bautismo_ es el primer y básico sacramento por medio del cual compartimos la vida divina de Dios, somos librados del pecado original y de todo pecado personal, nos hacemos hijos de Dios y somos acogidos en la Iglesia.

8. _Apóstoles_ es el nombre que se da a los doce hombres escogidos por Jesús para compartir su misión de manera especial.

9. La Iglesia es _Santa_ porque comparte la santidad de Dios.

10. _Iniciación cristiana_ es el proceso por medio del cual nos hacemos miembros de la Iglesia.

11. _Confirmación_ es el sacramento en que recibimos el don del Espíritu Santo de manera especial.

12. _Infabilidad_ significa que el papa y los obispos son guiados en verdad cuando definen las doctrinas de fe y moral.

13. _____ es la característica de la Iglesia que la identifica como universal, abierta a todo el que cree.

14. Los _dones del espíritu Santo_ nos ayudan a vivir como fieles seguidores y verdaderos testigos de Jesucristo.

15. _____ es la característica de la Iglesia que la identifica como fundada por Cristo en los apóstoles.

B. Subraya la respuesta que _no_ corresponde.

1. Jesús dijo a sus discípulos que el Espíritu Santo
   a. se quedaría con ellos para siempre.
   b. vendría el Viernes Santo.
   c. los dirigiría hacia la verdad.
   d. los fortalecería para ser sus testigos.

2. Las características de la Iglesia la identifican como una comunidad
   a. exclusiva.
   b. dedicada a Dios y a los demás.
   c. basada en la autoridad apostólica.
   d. que da la bienvenida a todos.

3. Los sacramentos son
   a. signos vivos de la presencia de Cristo.
   b. actos de adoración.
   c. siete.
   d. personales y privados.

4. Por medio del sacramento del Bautismo
   a. recibimos al Espíritu Santo.
   b. somos prevenidos para no pecar.
   c. nacemos como hijos de Dios.
   d. nos hacemos miembros de la Iglesia.

5. En el sacramento de la Confirmación
   a. somos ungidos con santo oleo.
   b. recibimos al Espíritu Santo.
   c. se nos derrama agua en la cabeza como signo de limpieza.
   d. somos fortalecidos con dones especiales del Espíritu Santo.

C. Contesta las siguientes preguntas.

1. ¿Qué señales de la presencia activa de Dios ves en el mundo?

   Aveces miro que todabia hay personas que aprecian cosas y ayudan mucho.

2. ¿Cómo la Iglesia es un signo y un instrumento de la vida y el amor de Dios en nosotros?

   la iglesia es un signo y un instrumento de la vida porque escuchamos la palabra de Dios.

3. Explica, en tus propias palabras, como Jesús actúa por medio de los sacramentos.

   Jesus c

4. ¿Qué significa para ti ser testigo de Cristo? ¿Qué ve, escucha o siente una persona en ti que muestra que eres católico?

5. Reflexiona por un momento en un problema o decisión que puedes tomar.
   ¿Cómo la fe puede ayudarte?

   la fe me puede ayudar a tomar buenas deciciones en la vida.

A. Choose the correct term to complete each statement.

Confirmation	Pentecost	Gifts of the Holy Spirit
Apostles	Baptism	diocese
Christian Initiation	Holy Spirit	holy
One	Apostolic	Catholic
Sacraments of Initiation	Infallibility	Church

1. The _____ is the third Person of the Blessed Trinity who guides and strengthens the Church.

2. A _____ is a local area of the Church led by a bishop.

3. The _____ is a name given to the Sacraments of Baptism, Confirmation, and Eucharist.

4. _____ is the day on which the Holy Spirit came to Jesus' first disciples as Jesus promised.

5. _____ is the Mark of the Church that describes the unity of the Church.

6. The _____ is the community of people who believe in Jesus Christ, have been baptized in him, and follow his teachings.

7. _____ is the first and foundational sacrament by which we become sharers in God's divine life, are freed from Original Sin and all personal sins, become children of God, and are welcomed into the Church.

8. _____ is the name given to the twelve men chosen by Jesus to share in his mission in a special way.

9. The Church is _____ because she shares in the holiness of God.

10. _____ is the process by which we become members of the Church.

11. _____ is the sacrament in which we receive the Gift of the Holy Spirit in a special way.

12. _____ means that the pope and bishops are guided in truth when defining the doctrines of faith and morals.

13. _____ is the Mark of the Church that identifies the Church as universal, open to all who believe.

14. The _____ help us to live as faithful followers and true witnesses of Jesus Christ.

15. _____ is the Mark of the Church that identifies the Church as founded by Christ on the Apostles.

B. Circle the response that does *not* belong.

1. Jesus told his followers that the Holy Spirit would
   a. remain with them forever.
   b. come to them on Good Friday.
   c. lead them to the truth.
   d. strengthen them to be his witnesses.

2. The Marks of the Church identify it as
   a. an exclusive closed community.
   b. a community dedicated to God and one another.
   c. based on apostolic authority.
   d. welcoming to all people.

3. The sacraments are
   a. life-giving signs of Christ's presence.
   b. acts of worship.
   c. seven in number.
   d. personal and private.

4. Through the Sacrament of Baptism we
   a. receive the Holy Spirit.
   b. are kept from sin forever.
   c. are reborn as children of God.
   d. become members of the Church.

5. Through the Sacrament of Confirmation we
   a. are anointed with holy oil.
   b. receive the Holy Spirit in a new way.
   c. have water poured on our head as a sign of cleansing.
   d. are strengthened with special Gifts of the Holy Spirit.

C. Share your faith by responding thoughtfully to these questions.

1. What signs do you see that show you God is truly present and active in our world today?

   _____

   _____

2. How is the Church a sign and an instrument of God's life and love among us?

   _____

   _____

3. Explain in your own words how Jesus acts in and through the sacraments.

   _____

   _____

4. What does it mean to you to be a witness to Christ? What would a person see or hear or sense in you that would show that you are a Catholic?

   _____

   _____

5. Reflect for a moment on a problem or decision you and other young people must face or make in today's world. How can your faith help you to make right choices?

   _____

   _____

La Eucaristía

Las celebraciones son parte importante en nuestras vidas. Nos reunimos para honrar a una persona importante o para recordar un evento significativo para nosotros. Las celebraciones tienen lugar en nuestras familias, escuelas, parroquias, comunidades y en nuestra nación. El tipo y el significado de las celebraciones varían porque celebramos diferentes cosas en diferentes formas.

¿Cuáles son las celebraciones más importantes en tu vida? ¿Qué te ayudan a recordar?

Celebrations are a big part of our lives. We join together to honor an important person or to remember an event that has deep meaning for us. Celebrations take place in our families, schools, parishes, communities, and even our nation. The type and meaning of our celebrations vary because we celebrate different things in different ways.

What are the most important celebrations in your life? What do they help you to remember?

The Eucharist

Jesús nos dio la Eucaristía en la última cena.

En la Biblia leemos sobre muchas celebraciones israelitas. El sacrificio era una de las formas principales de celebración y adoración al único y verdadero Dios. Los israelitas recordaban en sus celebraciones las grandes victorias y liberaciones pasadas. Una celebración era más importante que todas. En esta celebración el pueblo recordaba que Dios lo había liberado de la esclavitud de Egipto y lo había ayudado a escapar de los amos egipcios.

La noche antes de salir de Egipto, los israelitas salvarían sus primogénitos de la muerte si hacían lo que su líder Moisés les decía. Hablando en nombre de Dios, Moisés ordenó a cada familia israelita matar un cordero y untar la sangre en las puertas de las casas. También debía tener una comida especial basada en cordero asado, pan sin levadura, vino y hiervas amargas.

Ya vestidos y calzados, y con el bastón en la mano, coman de prisa el animal porque es la Pascua del Señor. Esa noche yo pasaré por todo Egipto, y heriré de muerte al hijo mayor de cada familia egipcia y a las primeras crías de sus animales. . . . La sangre les servirá para que ustedes señalen las casas donde se encuentren. Y así, cuando yo hiera de muerte a los egipcios, ninguno de ustedes morirá, pues veré la sangre y pasaré de largo. Exodo 12:11–13

Este gran evento se conoce como **Pascua**, fiesta con la que el pueblo judío recuerda la forma milagrosa en que Dios lo salvó de la muerte y la esclavitud de Egipto. Dios también instruyó a Moisés pedir al pueblo recordar y celebrarlo siempre.

Este es un día que ustedes deberán recordar y celebrar con una gran fiesta en honor del Señor. . . . La fiesta de los panes sin levadura es un día que ustedes deberán celebrar, porque en ese mismo día los saqué de Egipto. Exodo 12:14,17

Jesus gave us the Eucharist at the Last Supper.

In the Bible we read of many celebrations among the Israelites. Sacrifice was one of their chief forms of celebrating and worshiping the one true God. At their celebrations the Israelites remembered their past great moments of victory and deliverance. One celebration was more important to them than all others. In this celebration they remembered that God had freed them from slavery in Egypt by helping them to escape from their Egyptian masters.

On the night before this escape, the Israelites would save their newborn children from death if they did as their leader, Moses, told them. Speaking in God's name Moses ordered each Israelite family to kill a young lamb and to sprinkle its blood on the doorposts and frames of their homes. The people were then to have a special meal of roasted lamb, unleavened bread, wine, and bitter herbs:

> This is how you are to eat it: with your loins girt, sandals on your feet and your staff in hand, you shall eat like those who are in flight. It is the Passover of the LORD. For on this same night I will go through Egypt, striking down every first-born of the land. . . . But the blood will mark the houses where you are. Seeing the blood, I will pass over you.
> Exodus 12:11–13

This great event is known as the **Passover**, the feast on which Jewish people remember the miraculous way that God saved them from death and slavery in ancient Egypt. God also instructed Moses to tell the people to remember and celebrate this saving event always:

> This day shall be a memorial feast for you, which all your generations shall celebrate with pilgrimage to the LORD, as a perpetual institution. . . . Keep, then, this custom of the unleavened bread. Since it was on this very day that I brought your ranks out of the land of Egypt. . . .
> Exodus 12:14,17

Siglos más tarde, Jesús celebraba esa misma comida de pascua con su familia y amigos. La noche antes de morir, él celebró la cena de pascua con sus apóstoles. En esa comida, que llamamos la última cena, Jesús explicó que su vida sería sacrificada.

- Por el derramamiento de su sangre, la comunidad de creyentes sería salvada del pecado y la muerte.
- Con Jesús habría una nueva y eterna alianza con Dios.

¿Sabías?

Nuestros antepasados en la fe usaban el término *alianza* para describir la relación de Dios con ellos. En la Biblia, alianza es un acuerdo solemne entre Dios y su pueblo, frecuentemente confirmado y ofrecido a Dios por un sacrificio o un ritual solemne. En el Antiguo Testamento leemos que, después del diluvio, Dios hizo una alianza con Noé y todas las cosas vivientes. Dios hizo una alianza con Abrahán y toda su descendencia. Dios hizo una alianza con Moisés en el Monte Sinaí. Los judíos siguen honrando esta alianza, cumpliendo las leyes de Dios y siguiendo los ritos establecidos hace siglos.

En Jesucristo, Dios ha establecido su alianza eterna. La muerte en cruz de Jesús es el sacrificio de la nueva alianza—su vida y muerte restaura la relación entre la humanidad y Dios.

La última cena de Jesús fue algo muy diferente a las otras cenas de pascua celebradas. Esta es la forma en que Lucas la describe en su evangelio:

> Después tomó el pan en sus manos y, habiendo dado gracias a Dios, lo partió y se lo dio a ellos, diciendo: "Esto es mi cuerpo, entregado a muerte en favor de ustedes. Hagan esto en memoria de mí". Lo mismo hizo con la copa después de la cena, diciendo: "Esta copa es el nuevo pacto confirmado con mi sangre, la cual es derramada en favor de ustedes".
> Lucas 22:19–20

Este pan y este vino parecían y sabían a pan y vino pero eran, como dijo Jesús, su Cuerpo y Sangre. Jesús pidió a sus apóstoles repetir el memorial que él llevó a cabo en la última cena. Harían esto en la **Eucaristía**, el sacramento de su Cuerpo y Sangre. Por medio de esta comida sagrada, ellos podrían recordar lo que Jesús hizo por todos nosotros con su muerte y resurrección. Jesús estaría realmente presente con ellos.

¿Por qué estaban Jesús y sus apóstoles reunidos en la última cena? ¿Qué pasó en la última cena?

Centuries later Jesus celebrated this same Passover meal every year with his family and friends. On the night before he died, Jesus shared the Passover meal with his Apostles. At that meal, which Christians now call the Last Supper, Jesus explained that his life would be sacrificed.

- Through the shedding of his blood, the community of believers would be saved from sin and death.

- Through Jesus there would be a new and everlasting covenant with God.

Jesus' Last Supper was something very different from all other Passover meals that had been celebrated. This is the way part of it is described in Luke's Gospel:

Then he took the bread, said the blessing, broke it, and gave it to them, saying, "This is my body, which will be given for you; do this in memory of me." And likewise the cup after they had eaten, saying, "This cup is the new covenant in my blood, which will be shed for you."
Luke 22:19–20

Why were Jesus and his Apostles gathered at the Last Supper? What happened at the Last Supper?

The bread and wine still looked and tasted like bread and wine, but they were now what Jesus said they were: his very Body and Blood. Jesus told his Apostles to repeat in his memory what he had done at the Last Supper. They would do this in the **Eucharist**, the Sacrament of his Body and Blood. Through this sacred meal, they would remember what Jesus did for all of us by his Death and Resurrection. Jesus would be really present to them.

Do YOU Know?

Our ancestors in faith used the term *covenant* to describe God's relationship with them. In the Bible a covenant is a solemn agreement between God and his people, frequently confirmed by a sacrifice to God or a solemn ritual. We read in the Old Testament that God made a covenant with Noah and all living beings after the flood. God made a convenant with Abraham and his descendants. God made a covenant with Moses on Mount Sinai. Jews today honor this covenant, keeping God's laws and following rituals established centuries ago.

In Jesus Christ God has established his new and everlasting covenant. Jesus' Death on the cross is the sacrifice of the new covenant—his life and Death restore humanity's relationship with God.

2 Celebramos la Eucaristía en la misa.

Después de la resurrección la pequeña comunidad de creyentes empezó a hacer lo que Jesús les pidió hacer en su memoria. Juntos adoraban como un pueblo reunido por el Espíritu Santo y unido en Cristo resucitado. Sus celebraciones consistían en escuchar la Escritura, reflexionar en ella y reconocer la presencia de Jesús en la Eucaristía.

A través de los tiempos la celebración de la Eucaristía ha recibido diferentes nombres. Algunos de ellos: "la cena del Señor", "partir el pan", "santo sacrificio", y *eucaristía*, que significa "dar gracia a Dios". Sin embargo, el término más comúnmente usado para la celebración de la Eucaristía es **misa**, la mayor oración de alabanza y gracia a Dios Padre.

Cuando nos reunimos para celebrar la Eucaristía, el Espíritu Santo está presente. Cuando participamos en la celebración semanal de la misa en nuestra parroquia, recordamos las grandes obras por medio de las cuales Jesucristo nos salvó y damos gracias a Dios Padre por el regalo de su Hijo. Por el poder del Espíritu Santo el poder salvador de Jesús se hace presente en nosotros. Cuando recibimos la sagrada comunión compartimos la vida de Dios y somos nutridos y fortalecidos. Nos comprometemos a vivir de acuerdo a la voluntad de Dios.

El domingo, el "día del Señor", es el día más importante para la celebración de la Eucaristía porque es el día de la resurrección del Señor. Es por eso que estamos obligados, como fieles creyentes, a participar en la misa todos los domingos o el sábado en la tarde. También estamos obligados a participar en la misa los días de precepto.

> ¿Por qué la celebración de la misa dominical es el acontecimiento más importante en la semana para los católicos?

We celebrate the Eucharist at Mass.

Very shortly after Jesus' Resurrection the small community of believers began to do what Jesus had told them to do in his memory. They worshiped together as one people drawn together by the Holy Spirit and united in the risen Christ. Their

celebrations consisted of listening to the Scriptures, reflecting on them, and recognizing Jesus' presence in the Eucharist.

Through history the celebration of the Eucharist has been called by many different names. Some of them are "the Lord's Supper," "the breaking of the bread," "the Holy Sacrifice," and the name *Eucharist* itself, which means, "to give thanks to God." However, the name most often used for the celebration of the Eucharist is **Mass**, the Church's great prayer of praise and thanks to God the Father.

When we gather to celebrate the Eucharist, the Holy Spirit is present. When we take part in our parish's weekly celebration of the Mass, we recall the great deeds of Jesus Christ by which he saved us. We thank God the Father for the gift of his Son, and through the power of the Holy Spirit the saving power of Jesus is made present to us. When we receive Holy Communion we share in God's life and are nourished and strengthened. We commit to living as God calls us to live.

Sunday, the "Lord's Day," is the principal day for celebrating the Eucharist because it is the day of the Lord's Resurrection. That is why we are obliged as faithful believers to participate in the Mass every Sunday or in the vigil Mass on Saturday evening. We are also obligated to participate in the Mass on Holy Days of Obligation.

> **Why is the Sunday celebration of the Mass the most important action of our week?**

127

La Eucaristía es un sacrificio y una comida.

La Eucaristía da propósito, significado y esperanza a nuestra vida. Debemos ser receptivos a la presencia de Jesucristo en la Eucaristía.

Como católicos sabemos que la Eucaristía es nuestra mayor oración de gracias y que es una comida y un sacrificio. Recordar los siguientes puntos puede hacer más fácil entender porque creemos que la Eucaristía es una comida:

■ Jesús nos dio la Eucaristía en la cena pascual. Jesús dijo a sus discípulos: "Tomen y coman; esto es mi cuerpo" (Mateo 26:26).

■ Comemos y bebemos el Cuerpo y la Sangre de Jesús cada vez que recibimos la sagrada comunión.

■ Somos nutridos en fe y fortalecidos como discípulos, de la misma forma que comer y beber nos nutre físicamente.

Para entender la Eucaristía como un sacrificio, debemos mirar el significado del sacrificio en tiempo de Jesús. Cuando los sacerdotes del Antiguo Testamento ofrecían sacrificios al verdadero Dios, ofrecían las necesidades de la vida—el cordero más robusto y puro del rebaño, el trigo más maduro de la cosecha, el vino de las mejores uvas. Ellos no mataban animales por crueldad. Ellos ofrecían ante Dios, el creador, todas las cosas que

necesitaban para vivir y progresar. Su sacrificio era un símbolo de su aprecio por los dones de la creación y una entrega de sí mismos a Dios.

La misa es el sacrificio donde Jesús se da a sí mismo totalmente por nosotros en la cruz.

■ La misa es un memorial de la obra salvadora del sufrimiento, muerte y resurrección de Jesús.

■ Al partir el pan y verter la copa, la ofrenda de sacrificio de Jesús al Padre se hace presente.

■ La Eucaristía es también un sacrificio de la Iglesia. Nuestras alegrías, penas, oraciones y trabajo—lo que hace que cada uno sea lo que es—se unen al sacrificio de Cristo.

■ Es Cristo mismo que actúa por medio del ministerio del sacerdote que celebra la misa.

¿Qué queremos decir cuando decimos que la misa es una comida y un sacrificio?

La Iglesia en los Estados Unidos observa seis días de precepto:

1. Solemnidad de María, la Madre de Dios (1ro. de enero)
2. Ascensión (durante el Tiempo de Pascua)*
3. Asunción de María (15 de agosto)
4. Todos los Santos (1 de noviembre)
5. Inmaculada Concepción (8 de diciembre)
6. Navidad (25 de diciembre)

*(Algunas diócesis celebran la Ascensión el siguiente domingo.)

3 The Eucharist is both a sacrifice and a meal.

The Eucharist gives our lives purpose, meaning, and hope. But we must be open to Jesus Christ's presence in the Eucharist.

As Catholics we know that the Eucharist, our great prayer of thanksgiving, is both a meal and a sacrifice. Remembering the following points might make it easier to understand why we believe the Eucharist is a meal:

- Jesus gave us the Eucharist at the Passover meal. Jesus said to his disciples, "Take and eat; this is my body" (Matthew 26:26).

- We eat and drink Jesus' Body and Blood each time we receive Holy Communion.

- We are nourished in faith and strengthened for discipleship, just as food and drink provide us physical nourishment.

The Church in the United States observes six Holy Days of Obligation:

1. Solemnity of Mary, Mother of God (Jan 1)
2. Ascension (when celebrated on Thursday during Easter season)*
3. Assumption of Mary (Aug 15)
4. All Saints' Day (Nov 1)
5. Immaculate Conception (Dec 8)
6. Christmas (Dec 25)

*(Most dioceses celebrate the Ascension on the following Sunday.)

To better understand the Eucharist as sacrifice, we should look at the meaning of sacrifice in Jesus' time. When the priests of the Old Testament made sacrifices to the one true God, they offered the necessities of life—the meatiest and most pure lamb of their flock, the ripest wheat from their harvest, the finest wine from their grapes. They did not kill animals to be cruel. They surrendered to God the Creator the things they needed to live and flourish. Their sacrifice, then, was both a symbol of their appreciation for the gift of Creation and a giving of their lives to God.

The Mass is the sacrifice of Jesus giving himself totally for us on the cross.

- The Mass is a memorial of the saving work of Jesus' suffering, Death, and Resurrection.

- In the breaking of the bread and the pouring out of the cup, Jesus' sacrificial offering to the Father is made present.

- The Eucharist is also the sacrifice of the Church. Our joys, pain, prayers, and work—those things that make each of us who we are—are united with Christ's sacrifice.

- It is Christ himself acting through the ministry of the priest who offers the Mass.

What do we mean when we say that the Mass is both a meal and a sacrifice?

CRECIENDO EN LA FE

ORACION

Durante la misa rezamos juntos una aclamación para expresar nuestra fe en Jesús resucitado quien dio su vida por nuestra salvación. Rezamos:

✝ Cada vez que comemos de este pan
y bebemos de este cáliz,
anunciamos tu muerte,
Señor, hasta que vuelvas.

REFLEXIONA Y ACTUA

El estribillo de un himno de comunión cantado con frecuencia en la misa dice: "recordamos, celebramos, creemos". Piensa en lo que has aprendido sobre la Eucaristía.

Nombra por lo menos dos verdades importantes de nuestra fe para cada uno de los tres hechos enunciados abajo:

Recordamos...

Celebramos...

Creemos...

RECUERDA

la Iglesia enseña que:

◉ la Eucaristía es el sacramento del cuerpo y sangre de Cristo, es el tercer sacramento de iniciación y el único que puede repetirse.

◉ la Eucaristía es el memorial de la muerte y resurrección salvadoras de Jesús.

◉ Jesucristo está verdaderamente presente en la Eucaristía bajo las apariencias de pan y vino.

◉ la celebración de la Eucaristía es llamada la misa, que es una comida y un sacrificio.

Vocabulario

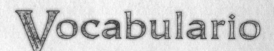

pascua (p. 122)
Eucaristía (p. 124)
misa (p. 126)

¿Qué bendiciones agradecerás a Dios la próxima vez que participes en la celebración más importante de la Iglesia?

GROWING IN FAITH

PRAY

During the Mass we pray together a memorial acclamation to express our faith in the risen Jesus who gave his life for our Salvation. We pray:

✝ When we eat this Bread and
drink this Cup,
we proclaim your Death,
O Lord,
until you come again.
Amen.

REFLECT & ACT

The refrain of the Communion song "We Remember" often sung at Mass includes the words "We remember, we celebrate, we believe." Think about what you have learned about the Eucharist.

REMEMBER
The Church teaches...

◎ The Eucharist, the Sacrament of Christ's Body and Blood, is the third and only repeatable Sacrament of Initiation.

◎ The Eucharist is a memorial of Jesus' saving Death and Resurrection.

◎ Jesus Christ is truly and really present in the Eucharist under the appearances of bread and wine.

◎ The celebration of the Eucharist is called the Mass, which is both a meal and a sacrifice.

Faith Words

Passover (p. 123)
Eucharist (p. 125)
Mass (p. 127)

Name at least one important truth of our faith for each of the three actions below:

We remember...

We celebrate...

We believe...

What blessings will you thank God for the next time you participate in the Mass?

La misa

La hermana Thea Bowman fue una dotada cantante, artista
y maestra. Puso toda su energía en servir a Jesús. Inspiró a la
Iglesia a aceptar la música y la cultura afroamericana. Ella
quería que todo el mundo viera su herencia de la misma
forma que ella; un regalo a ella y a la Iglesia. La hermana Thea
animó al pueblo a recordar que uno es quien es.

¿Piensas en quién eres y a qué perteneces cuando con otros
católicos celebras la misa?

The Mass

Sister Thea Bowman was a gifted singer, artist, and teacher. She put all of her energy into serving Jesus. She inspired the Church to appreciate and accept African-American music and culture. She wanted all people to see her heritage as she did: a gift to herself and to the Church. Sister Thea encouraged all people to "remember who you are and whose you are."

When you join other Catholics to celebrate the Mass, do you think about who you are and whose you are?

En la Liturgia de la Palabra escuchamos la palabra de Dios.

La **liturgia** es la oración pública y oficial de la Iglesia en la que proclamamos y celebramos el misterio de Cristo. La palabra liturgia viene del griego y significa "una obra pública" o "servicio en nombre o a favor del pueblo". En la liturgia, Jesús nos reúne en la unidad del Espíritu Santo para bendecir a Dios nuestro Padre y darle gracias por todas sus bendiciones. Encontramos a Cristo en la liturgia y en esta compartimos el misterio de su vida, muerte y resurrección. Jesús nos dijo que: "Porque donde dos o tres se reúnen en mi nombre, allí estoy yo en medio de ellos" (Mateo 18:20).

La misa—la celebración de la Eucaristía—es el acto de adoración central y el más importante. En todos los rincones del mundo, los católicos son llamados a participar en la misa, para elevar sus voces en alabanza y acción de gracias a Dios. Podemos escuchar las palabras de la misa en diferentes idiomas, pero su estructura básica es la misma, no importa donde estemos.

La misa tiene dos partes principales, la *Liturgia de la Palabra* y la *Liturgia de la Eucaristía*, y dos partes adicionales al empezar y al terminar. Cada parte de la misa nos introduce en el misterio que celebramos, fortalece nuestra gracia bautismal y nos une como miembros de la Iglesia, el cuerpo de Cristo.

El inicio de la misa nos reúne como una asamblea, la comunidad parroquial se reúne para adorar. Nos preparamos para escuchar la palabra de Dios y para celebrar la Eucaristía:

- haciendo la señal de la cruz y respondiendo al saludo del sacerdote
- pidiendo perdón a Dios
- uniéndonos al sacerdote para rezar el Gloria.

Durante la Liturgia de la Palabra escuchamos la palabra de Dios que se nos proclama. En cada lectura, abrimos nuestros corazones a Dios mientras nos habla y nos guía. El libro que tiene las lecturas de la misa es llamado **Leccionario**. No es toda la Biblia sino una colección de partes de la Biblia que forman las lecturas de la misa. Las lecturas bíblicas para cada misa son escogidas por la Iglesia para ayudarnos a celebrar cada domingo y durante los tiempos litúrgicos. También hay diferentes lecturas para las misas diarias.

In the Liturgy of the Word we listen to the Word of God.

The **liturgy** is the official public prayer of the Church. In the liturgy we proclaim and celebrate the mystery of Christ. The word *liturgy* comes from a Greek word that means "a public work" or "a service in the name of or on behalf of the people." In the liturgy we are brought together by Jesus, in the unity of the Holy Spirit, to bless God our Father and thank him for all of his blessings. We meet Christ in the liturgy, and in it we share in the mystery of his life, Death, and Resurrection. Jesus told us that "where two or three are gathered together in my name, there I am in the midst of them" (Matthew 18:20).

The Mass—the celebration of the Eucharist— is the central and most important act of worship. In every corner of the world, Catholics are called together to participate in the Mass, to raise their voices in praise and thanksgiving to God. We can hear the words of the Mass spoken in every language. But the basic structure of the Mass is always the same, no matter where we are.

The Mass has two principal parts, the *Liturgy of the Word* and the *Liturgy of the Eucharist*. Two additional parts begin and end the Mass. Each part of the Mass draws us into the mystery that we celebrate, strengthens our baptismal grace, and unites us as members of the Church, the Body of Christ.

The beginning of the Mass brings us together as an assembly, the parish community gathered together to worship. We prepare to listen to God's Word and to celebrate the Eucharist by:

- making the Sign of the Cross and responding to the priest's greeting

- asking God for mercy

- joining the priest in praying the Glory to God.

During the Liturgy of the Word we hear God's Word proclaimed to us. In each of the readings, we open our hearts and listen as a community to God as he speaks to us and guides us. The book containing all the readings that we use at Mass is called the **Lectionary**. It is not the whole Bible but a collection of parts of the Bible arranged for reading at Mass. The Church has chosen the Bible readings for each Mass to help us celebrate each Sunday and season. The Lectionary also has different readings for Masses during the week.

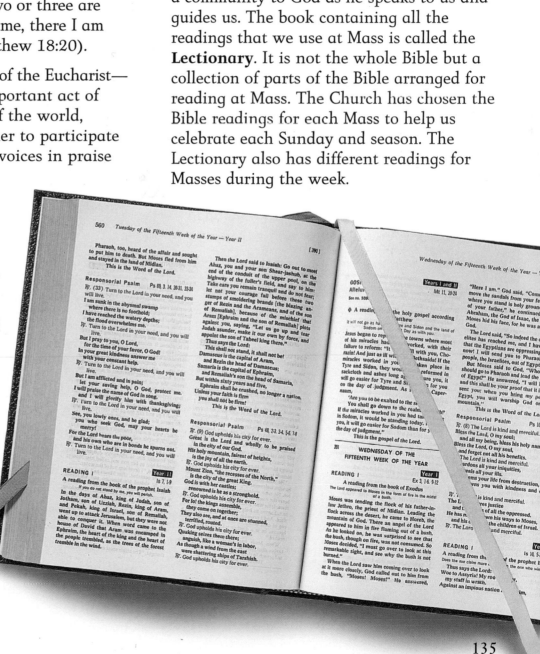

Generalmente los domingos hay tres lecturas:

- La primera lectura es frecuentemente tomada del Antiguo Testamento. Nos recuerda las obras salvadoras de Dios a través de la historia. Respondemos diciendo o cantando un salmo.

- La segunda lectura es del Nuevo Testamento, generalmente una de las cartas de San Pablo, nunca se lee de los evangelios.

- La tercera lectura es siempre de uno de los evangelios (Mateo, Marcos, Lucas o Juan). La lectura del evangelio es especial. Sólo un diácono o un sacerdote puede proclamar el evangelio y todos deben ponerse de pie durante su lectura.

Después de las lecturas, el sacerdote o el diácono ofrece una homilía, una explicación de las lecturas, para ayudarnos a entender mejor la palabra de Dios y como vivirla. Respondemos a lo escuchado en las lecturas y la homilía rezando juntos el Credo. Después en las intercesiones generales, u oración de los fieles, las necesidades de la Iglesia, del mundo, de los que sufren y de la comunidad local, son recordadas y ofrecidas a Dios.

¿Qué escuchamos en la Liturgia de la Palabra? ¿Cómo respondemos a lo escuchado?

2 En la Liturgia de la Eucaristía ofrecemos y recibimos el regalo de Jesús.

La otra parte principal de la misa es la Liturgia de la Eucaristía. Esta empieza con la presentación y preparación de las ofrendas de pan y vino. Estos son elementos básicos, simples elementos de la alimentación humana que Jesús usó en la última cena. Miembros de la asamblea presentan las ofrendas de pan y vino al sacerdote o al diácono. El las acepta junto con la ofrenda monetaria y otras cosas ofrecidas para la Iglesia o los pobres. El sacerdote prepara el pan y el vino en el altar. Ellos se convertirán en el Cuerpo y la Sangre de Cristo.

La **oración eucarística** es el centro de la celebración de la misa. En esta oración el sacerdote dirige al pueblo para que eleve sus corazones en alabanza y acción de gracias a Dios por medio de Jesucristo. Todos los reunidos dan gracias a Dios Padre por sus bendiciones.

El sacerdote dice y hace lo que Jesús hizo, dijo y nos pidió hacer en su memoria en la última cena. El sacerdote reza sobre el pan: "Esto es mi Cuerpo", y sobre el vino: "Este es el cáliz de mi Sangre". A esto llamamos consagración. Por medio de las palabras y acciones del sacerdote y por el poder del Espíritu Santo, el pan y el vino se convierten en el Cuerpo y la Sangre de Cristo. La verdad de que Jesús está verdaderamente presente en la Eucaristía bajo las especies de pan y vino se llama **presencia real**.

La Iglesia se reúne en la unidad del Espíritu Santo y unida a Cristo ofrece el sacrificio de la misa a Dios Padre. También en la misa ofrecemos nuestras vidas—nuestras preocupaciones y necesidades, nuestras alegrías—y junto a la ofrenda de Cristo mismo. Después de rezar por nuestras necesidades y por los miembros de la Iglesia, vivos y difuntos, elevamos nuestras voces en un gozoso canto de alabanza y decimos: "amén". Con esta respuesta termina la oración eucarística.

On Sundays there are usually three readings:

- The first reading is most often taken from the Old Testament. It recalls God's saving actions throughout history. We respond by saying or singing an Old Testament psalm.

- The second reading is taken from the New Testament, often from one of the letters, or Epistles, of Saint Paul. It is never taken from one of the Gospels.

- The third reading is always from one of the four Gospels (Matthew, Mark, Luke, or John). The reading of the Gospel is special. Only a deacon or priest can proclaim the Gospel, and everyone stands for its reading.

After the readings the priest or deacon gives a homily—or explanation of the readings—to help us better understand God's Word and how to live it. We respond to what we have heard in the readings and the homily by saying the Creed together. Then in the general intercessions, or prayer of the faithful, the needs of the Church, of the world, of those who suffer and are in need, and of the local community are remembered and offered to God.

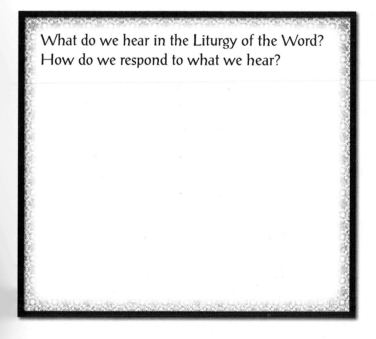

What do we hear in the Liturgy of the Word? How do we respond to what we hear?

In the Liturgy of the Eucharist we offer and receive the gift of Jesus.

The second principal part of the Mass is the Liturgy of the Eucharist. It begins with the presentation and preparation of the gifts of bread and wine. These are the same simple, basic elements of human nourishment that Jesus used at the Last Supper. Members of the assembly present the gifts of bread and wine to the priest or deacon. He accepts these gifts as well as money or other gifts offered for the Church and the poor. The priest then prepares the bread and wine at the altar. These offerings will become for us the Body and Blood of Christ.

The **Eucharistic Prayer** is the heart of the celebration of the Mass. In this prayer the priest leads us in lifting up our hearts in praise and thanksgiving to God through Jesus Christ. All gathered give thanks to God the Father for his blessings.

The priest does and says what Jesus did and said at the Last Supper—what Jesus commanded us to do in memory of him. The priest says over the bread, "FOR THIS IS MY BODY," and over the wine, "FOR THIS IS THE CHALICE OF MY BLOOD." This is called the *Consecration*. Through the actions and words of the priest and by the power of the Holy Spirit, the bread and wine are changed and become the Body and Blood of Christ. The true presence of Jesus Christ in the Eucharist under the appearances of bread and wine is called the **Real Presence**.

The Church, gathered together in the unity of the Holy Spirit and united with Christ, offers the sacrifice of the Mass to God the Father. At Mass we also offer our own lives—our worries and needs as well as our joys—and join them to Christ's self-offering. After praying for our needs and for the members of the Church, both living and dead, we raise our voices in joyful praise and sing "Amen." With this response the Eucharistic Prayer ends.

La Iglesia nos anima a recibir la comunión cada vez que asistimos a misa. Al recibir la comunión somos:

- alimentados con el sacramento de la Eucaristía
- perdonados de nuestros pecados veniales y fortalecidos para evitar pecados serios.
- unidos a Cristo y a los demás. Ya no somos muchos sino uno en el amor de Cristo.

¿Qué regalo ofrecemos a Dios en la misa?
¿Qué regalo nos ofrece Dios?

El Padrenuestro y el saludo de la paz nos preparan para recibir la comunión. Siguiendo lo que hizo Jesús mismo, el sacerdote parte la hostia consagrada y todos cantan o rezan el Cordero de Dios. Los que se han preparado debidamente, reciben el Cuerpo y la Sangre de Cristo.

La Iglesia enseña que debemos estar libres de pecado mortal para recibir la comunión. Sólo el sacramento de la Penitencia y Reconciliación libera del pecado mortal. Como señal de respeto y reverencia por la Eucaristía, debemos abstenernos de comer o tomar líquido por lo menos una hora antes de recibir la comunión. Esto es llamado **ayuno eucarístico**. El agua o las medicinas nunca rompen el ayuno eucarístico.

Podemos recibir la Hostia en la mano o en la lengua. Si la recibimos en la mano la Hostia es colocada en la boca por la persona que recibe. Todos unidos cantan una canción, esta es otra señal de unidad entre los asistentes.

¿Sabías?

La liturgia es el trabajo del cuerpo de Cristo. Como miembros del cuerpo de Cristo, la Iglesia, somos llamados a participar activamente en la misa cantando, rezando, con nuestros gestos, acciones y el silencio. Así como cada una de las partes de la misa tiene una función específica cada uno de nosotros—la asamblea, el sacerdote, el diácono, los acólitos, los lectores, los ministros extraordinarios de la Eucaristía y el coro—tiene un papel específico. Cada persona en la misa tiene un papel importante y cada uno ayuda a todos los allí reunidos a participar plenamente en la misa.

The Lord's Prayer and the Sign of Peace move us toward receiving Holy Communion. Again following what Jesus himself did, the priest breaks the consecrated Host. Everyone sings or prays the Lamb of God. Those properly prepared receive the Body and Blood of Christ.

The Church teaches that to receive Holy Communion we must be free of serious sin. A person is freed from serious sin by celebrating the Sacrament of Penance and Reconciliation. As a sign of respect and reverence for the Eucharist, we must also have not taken any food or drink for one hour before receiving Holy Communion. This is called the **eucharistic fast**. Water and medicine may be taken during the eucharistic fast.

The Host may be received in the hand or on the tongue. If we receive the Host in the hand, we place it reverently in our mouths ourselves. All join in singing the Communion song, another sign of the unity of those gathered.

The Church encourages us to receive Holy Communion each time we participate in Mass. By receiving Holy Communion we are:

- nourished with the Sacrament of the Eucharist

- forgiven of our venial sins and strengthened to avoid serious sin

- made one with Christ and one another. We are no longer many. We are now one in the love of Christ.

> What gift do we offer to God at Mass? What gift does God offer us?

Do YOU Know?

The liturgy is the work of the Body of Christ. As members of the Body of Christ, the Church, we are called to active participation at Mass through prayers, songs, gestures, actions, and silence. Just as each part of the Mass has a specific function, each of us gathered—the assembly, priest, deacon, altar servers, readers, extraordinary ministers of Holy Communion, and choir—has a specific role. Each person at Mass has an important role, and each of us helps everyone gathered to participate more fully in the Mass.

3 **Al final de la misa somos enviados a llevar el amor de Dios a los demás.**

La palabra *misa* viene del latín y significa "enviado". Al finalizar la misa el sacerdote o el diácono bendice la asamblea y dice: "Podéis ir en paz". Esa es la paz que Cristo prometió a sus amigos. Esa es la paz que el mundo no puede dar; la paz de Cristo.

Hay muchas formas en que podemos llevar el amor de Dios a otros:

- Podemos compartir nuestro tiempo y talentos con otros, dándonos cuenta que Dios actúa en y por ellos. Otros pueden experimentar el amor de Dios en y a través de nosotros por nuestra fe y generosidad.

- Cuando evitamos toda forma de injusticia y prejuicio basado en raza, sexo o nacionalidad, estamos llevando la paz de Cristo a otros.

- Podemos respetar nuestros cuerpos y el cuerpo de otros como templos del Espíritu Santo. Así vivimos el llamado de Cristo.

Al tratar de crecer diariamente más cerca de Dios y su pueblo estamos viviendo la misa.

También debemos recordar que somos seguidores de Jesucristo, quien vino a servir, no a ser servido. Algunas formas en que podemos servir al Señor son las siguientes:

- preocupándonos por los pobres, los enfermos y los desamparados

- respetando la vida, especialmente la dignidad de la vida humana

- participando en las actividades de nuestra parroquia, familia y comunidad.

Amor

¿Cómo el participar en la misa te fortalece para servir a otros?

At the end of Mass we are sent forth to bring God's love to others.

Mass is a word taken from the Latin word for "sending forth." At the end of Mass the priest or deacon blesses the assembly and says, "Go in peace." This is the peace that Jesus promised to his friends. It is the peace that the world cannot give: the peace of Christ.

There are many ways we can bring the love of Christ to others:

- We can share our time and talents with others, realizing as we do that God acts in and through them. Others can experience

God's love in and through us, by our faith and generosity.

- We can avoid all forms of injustice and prejudice based on race, sex, or nationality. In this way we can bring the peace of Christ to others.

- We can respect our bodies and the bodies of others as Temples of the Holy Spirit. In this we are living as Christ calls us.

By striving daily to grow closer to God and to all of God's people, we are living the Mass.

We should also remember that we are followers of Jesus Christ, who came, not to be served, but to serve. Ways we might serve the Lord include the following:

- caring for the poor, the sick, and the lonely

- respecting life, especially the dignity of human life

- participating in family, parish, and community activities.

How does your participation in the Mass strengthen you to serve others?

Creciendo en la Fe

ORACION

Los discípulos de Jesús les pidieron: "Señor, enséñanos a orar" (Lucas 11:1). En respuesta él les enseñó el Padrenuestro que es la oración que resume todo el evangelio y la mas importante de la Iglesia. Cuando la rezamos juntos es señal de que somos uno en él, con él y los demás.

✝ Padre nuestro,
que estás en el cielo,
santificado sea tu Nombre;
venga a nosotros tu reino;
hágase tu voluntad en la tierra
como en el cielo.
Danos hoy nuestro pan de cada día;
perdona nuestras ofensas,
como también nosotros perdonamos
a los que nos ofenden;
no nos dejes caer en la tentación,
y líbranos del mal.

RECUERDA

la Iglesia enseña que:

◎ la liturgia es la oración oficial pública de la Iglesia. En la liturgia proclamamos y celebramos el misterio de Cristo.

◎ en la misa entramos en la celebración del misterio pascual de Cristo—su sufrimiento, muerte, resurrección y ascensión—como él lo pidió a sus discípulos.

◎ la misa tiene dos partes principales: la Liturgia de la Palabra y la Liturgia de la Eucaristía.

◎ por las palabras y acciones del sacerdote y el poder del Espíritu Santo, el pan y el vino se convierten en el Cuerpo y la Sangre de Cristo.

◎ en la misa somos enviados a amar y a servir a otros.

Vocabulario

liturgia (pag. 134)
Leccionario (pag. 134)
oración eucarística (pag. 136)
presencia real (pag. 136)
Ayuno eucarístico (pag. 138)

REFLEXIONA Y ACTUA

Cuatro palabras resumen las cuatro acciones de la participación activa en la celebración eucarística: escuchar, ofrecer, recibir y servir.

En tu oración privada y comunitaria, ¿de qué forma escuchas? ¿Qué ofreces?

En tu oración personal y pública, ¿qué recibes y cómo sirves?

GROWING IN FAITH

PRAY

Jesus' disciples asked him, "Lord, teach us to pray" (Luke 11:1). In response to their plea, Jesus gave them the Our Father. Also known as the Lord's Prayer, the Our Father is the summary of the whole Gospel and therefore the most basic prayer of the Church. In the Our Father we pray for the fulfillment of God's Kingdom. When we pray it together, it is a sign that we are one with the Lord and with one another.

✝ Our Father,
who art in heaven,
hallowed be thy name;
thy kingdom come;
thy will be done on earth
as it is in heaven.
Give us this day our daily bread;
and forgive us our trespasses
as we forgive those
who trespass against us;
and lead us not into temptation,
but deliver us from evil.
Amen.

REFLECT & ACT

Four words sum up the four actions of an active participant in the eucharistic celebration: listen, offer, receive, and serve.

In your private prayer and in communal prayer, in what ways do you listen? What do you offer?

REMEMBER
The Church teaches...

◉ The liturgy is the official public prayer of the Church. In the liturgy we proclaim and celebrate the mystery of Christ.

◉ At the Mass we enter into and celebrate Christ's Paschal Mystery—his suffering, Death, Resurrection, and Ascension—as he asked his disciples to do.

◉ The Mass has two principal parts: the Liturgy of the Word and the Liturgy of the Eucharist.

◉ Through the words and actions of the priest and by the power of the Holy Spirit, the bread and wine become the Body and Blood of Christ.

◉ We are sent forth from Mass to love and serve others.

Faith Words

liturgy (p. 135)
Lectionary (p. 135)
Eucharistic Prayer (p. 137)
Real Presence (p. 137)
eucharistic fast (p. 139)

In your personal prayer and in public prayer, what do you receive and how do you serve?

Crea en mí, oh Dios, un corazón puro,
un espíritu firme pon en mí.
No me rechaces lejos de tu rostro
ni apartes de mí tu santo expíritu.
Dame tu salvación que regocija,
mantén en mí un alma generosa.

Salmo 51:12–14

El sacramento de la Penitencia y Reconciliación

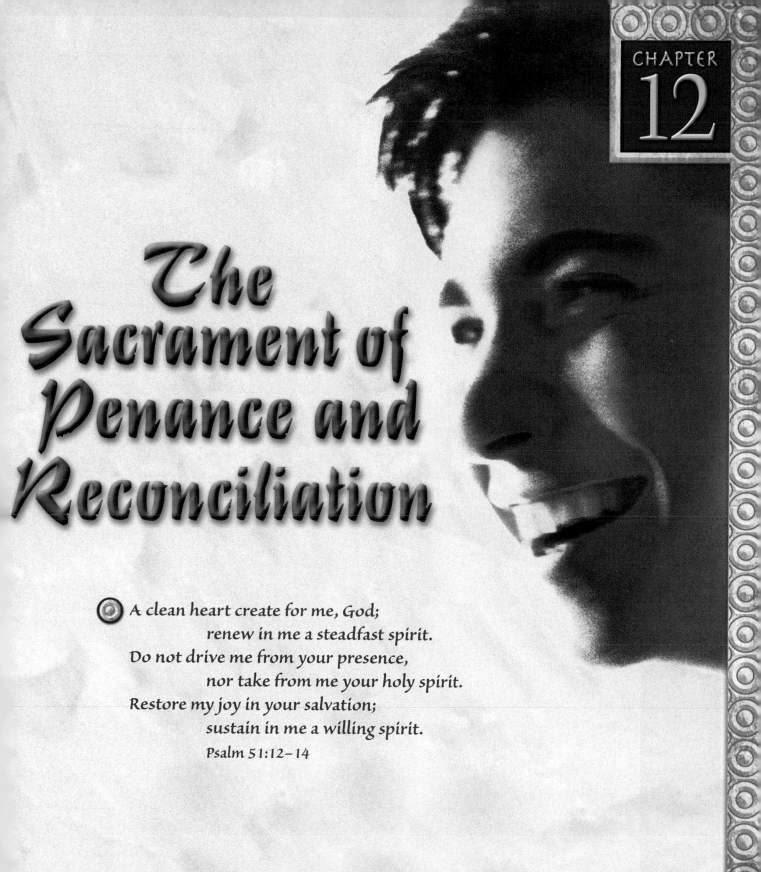

The Sacrament of Penance and Reconciliation

A clean heart create for me, God;
    renew in me a steadfast spirit.
Do not drive me from your presence,
    nor take from me your holy spirit.
Restore my joy in your salvation;
    sustain in me a willing spirit.

Psalm 51:12–14

El pecado daña nuestra relación con Dios.

Hemos leído en el Antiguo Testamento que Dios es "Tierno y compasivo, paciente y grande en amor y verdad. Por mil generaciones se mantiene fiel en su amor y perdona la maldad, la rebeldía y el pecado; pero no deja sin castigo al culpable, sino que castiga la maldad" (Exodo 34:6–7). El más grande maestro de la misericordia y la compasión de Dios es Jesús, el Hijo de Dios. Por medio de las cosas que hizo y la forma en que vivió, Jesús nos mostró la misericordia de Dios.

Necesitamos del perdón de Dios porque tenemos la inclinación a pecar. Cuando libremente escogemos separarnos de Dios, y no buscamos a Dios, pecamos. **Pecado** es un pensamiento, palabra, obra u omisión en contra de la ley de Dios que daña nuestra relación con Dios y los demás. Cuando pecamos, nuestra relación con Dios se debilita por nuestra falta de deseo de vivir como Dios quiere que vivamos.

El pecado es siempre una decisión personal. El mundo es un reto y con frecuencia somos tentados a hacer lo que no está bien. La tentación no es pecado, es una atracción a pecar. Todos somos tentados, aun Jesús fue tentado. Para vencer la tentación debemos evitar el pecado, necesitamos la gracia de Dios y ser fuertes al tomar decisiones.

Hay diferentes tipos de pecados. **Pecado mortal** es un pecado muy serio que nos separa completamente de Dios porque es una decisión tomada libremente, de hacer algo que sabemos es seriamente malo. Para que un pecado sea mortal son necesarias tres condiciones:

- Que la acción o actitud sea materia grave.

- Que sepamos que lo que estamos haciendo es un pecado mortal.

- Libremente y totalmente decidir y consentir cometer un grave mal. Estas tres condiciones tienen que existir para que un pecado sea considerado mortal.

Pecados menos serios que debilitan nuestra relación con Dios pero que no nos separan completamente de Dios son llamados **pecados veniales**. Ellos ofenden a otros, a nosotros mismos o nuestra relación con Dios y con los demás.

Jesús nos enseñó que la misericordia de Dios es más grande que cualquier daño que hagamos. Por su muerte en la cruz y su resurrección a una nueva vida, Jesús nos salvó del pecado. Debemos estar dispuestos a admitir nuestras debilidades y pedir a Dios su perdón y compasión.

¿Qué es pecado? ¿Cómo el pecado afecta nuestra relación con Dios y los demás?

1 Sin harms our relationship with God.

We know from the Old Testament that God is "a merciful and gracious God, slow to anger and rich in kindness and fidelity, continuing his kindness for a thousand generations, and forgiving wickedness and crime and sin" (Exodus 34:6–7). The greatest Teacher of God's mercy and compassion is Jesus, the Son of God. By the things he did and the way he lived, Jesus showed us God's mercy.

We all need God's forgiveness because we all are inclined to sin. When we freely choose to turn away from God and turn toward something that is not God, we sin. **Sin** is a thought, word, deed, or omission against God's law that harms us and our relationship with God and others. When we sin, our relationship with God is weakened by our unwillingness to live as God calls us to live.

Sin is always a personal choice. The world is a challenging place in which to live, and we are often tempted to do what is wrong. But a temptation is not a sin. It is an attraction to sin. Everyone is tempted. Even Jesus was tempted. In order to overcome temptation and avoid sin, we need God's grace to be strong in making good choices.

There are different types of sin. A **mortal sin** is a very serious sin that turns us completely away from God because it is a choice we freely make to do something that we know is seriously wrong. In order for a sin to be a mortal sin, three conditions are necessary:

- The sinful action or attitude must involve a grave and serious matter.
- We must have clear knowledge that what we are doing is mortally sinful.
- We must freely choose and fully consent to this serious evil. All three conditions must be met for any sin to be considered mortal.

Less serious sin that weakens our friendship with God but does not turn us completely away from him is called **venial sin**. Venial sins do harm to others, to ourselves, or to our relationship with God and others.

Jesus taught us that God's mercy far exceeds any wrong or harmful action on our part. By his Death on the cross and his rising to new life, Jesus saves us from sin. We must be willing to admit our weakness, however, and to turn to God for forgiveness and compassion.

> What is sin? How does it affect our relationship with God and with others?

Celebramos el amor y el perdón de Dios.

Jesús, el Hijo de Dios, perdonó el pecado a aquellos que verdaderamente creyeron. Jesús quiso que sus apóstoles hicieran lo mismo:

"¡Paz a ustedes! Como el Padre me envió a mí, así yo los envío a ustedes. Y sopló sobre ellos, y les dijo: "Reciban el Espíritu Santo. A quienes ustedes perdonen los pecados, les quedarán perdonados; y a quienes no se los perdonen, les quedarán sin perdonar". (Juan 20:21–23)

Sólo los obispos (los sucesores de los apóstoles) y los sacerdotes pueden perdonar los pecados en el sacramento de la Penitencia y Reconciliación. Ellos hacen esto en la persona de Cristo y por el poder del Espíritu Santo. El **sacramento de la Penitencia y Reconciliación** es el sacramento por medio del cual nuestra relación con Dios y la Iglesia es restaurada y nuestros pecados perdonados. Celebramos el amor y el perdón de Dios.

Cuando somos bautizados, el pecado original y todos nuestros pecados son perdonados y nacemos a una nueva vida en Cristo. La gracia recibida en el Bautismo, sin embargo, no nos previene de pecar. Seguimos libres de escoger y actuar y muchas veces actuamos sin pensar en las consecuencias, pero nuestra conciencia nos ayuda a pensar antes de actuar y a pensar en las consecuencias de nuestras acciones.

Conciencia es nuestra habilidad de conocer la diferencia entre lo bueno y lo malo, el bien y el mal. Nuestra conciencia siempre debe ser formada de acuerdo a las enseñanzas de Cristo y su Iglesia. Somos llamados a continuar formando nuestra conciencia durante toda la vida y obedecer su razón. Nuestra conciencia debe estar bien formada para que podamos tomar buenas decisiones.

Podemos formar nuestra conciencia:

- aprendiendo lo más que podamos sobre nuestra fe y las enseñanzas de la Iglesia

- rezando pidiéndole la fortaleza del Espíritu Santo para que nos guíe

- leyendo y reflexionando en la Escritura

- buscando consejo en personas que respetemos como nuestros padres, maestros, sacerdotes y amigos responsables

- examinando nuestra conciencia regularmente, pensando acerca de como hemos tratado a Dios, a nosotros mismos y a otros.

We celebrate God's love and forgivness.

Jesus Christ, the Son of God, forgave the sins of those who truly believed in him. Jesus willed that his Apostles do the same:

"Peace be with you. As the Father has sent me, so I send you." And when he had said this, he breathed on them and said to them, "Receive the holy Spirit. Whose sins you forgive are forgiven them, and whose sins you retain are retained."
John 20:21–23

Only bishops (the successors of the Apostles) and priests forgive our sins in the Sacrament of Penance and Reconciliation. They do this in the person of Christ and through the power of the Holy Spirit. The **Sacrament of Penance and Reconciliation** is the sacrament by which our relationship with God and the Church is restored and our sins are forgiven. We celebrate God's love and forgiveness.

When we are baptized, Original Sin and all the sins we have committed are forgiven. We are born into new life with Christ. The grace we receive at Baptism, however, does not keep us from sinning. We are still free to choose and to act, and at times we act without thinking of the consequences. But our conscience helps us to think about the consequences of our actions, and helps us to think before we act.

Conscience is our ability to know the difference between good and evil, right and wrong. Conscience is always to be formed by the teachings of Christ and his Church. We are called upon to continue forming our conscience throughout life and to obey the judgment of our conscience. Our conscience however, must be well-formed or we risk making wrong choices.

Our conscience is formed in many ways:

- by learning all we can about our faith and the teachings of the Church
- by praying to God, asking the Holy Spirit to strengthen and guide us
- by reading and reflecting on Scripture
- by seeking advice from wise people we respect, such as parents, teachers, parish priests, and responsible friends
- by examining our conscience on a regular basis, thinking about how we have treated God, ourselves, and others.

¿Sabías?

Durante un examen de conciencia pedimos al Espíritu Santo nos ayude a juzgar la dirección de nuestras vidas. He aquí algunas preguntas que te puedes hacer:

- ¿Puse algo o alguien en un lugar superior a Dios? ¿He buscado tiempo para leer la Escritura y para escuchar la palabra de Dios? ¿He rezado?
- ¿He tratado el nombre de Dios y el de Jesús con reverencia?
- ¿Asisto a misa y santifico el domingo con lo que hago y digo?
- ¿He respetado, obedecido y cuidado de mis padres y mayores? ¿He sido considerado con mis hermanos?
- ¿Respeto la vida? ¿He sido paciente con los mayores, consciente del hambre y los desamparados, he respetado a los que son diferentes a mí?
- ¿He tratado mi cuerpo y el cuerpo de los demás con respeto? ¿He ofendido o animado a otros a ofenderse ofreciéndoles cosas malas como las drogas y el alcohol?
- ¿He sido egoísta o robado algo a alguien? He compartido mis pertenencias?
- ¿Soy una persona honesta? ¿He sido una persona justa y honesta con mis amigos, familiares, maestros y conmigo mismo?
- ¿He tratado de hacer la voluntad de Dios en mis relaciones con los demás? ¿Me he alegrado cuando los demás han obtenido las cosas que quieren o necesiten?
- ¿He hecho de Dios mi tesoro en vez de las cosas materiales?

Algunas veces no nos detenemos a ver el impacto de nuestras acciones y decisiones. Perdemos de vista lo que hacemos. Debemos darnos cuenta de la dirección positiva que toman nuestras vidas o si nos hemos descarriado del camino al que Dios nos ha llamado. Cuando examinamos nuestra conciencia honestamente nos preguntamos sobre nuestra relación con Dios y con los demás.

Cuando celebramos el sacramento de la Penitencia debemos confesar los pecados serios así como los pecados veniales.

¿Has tenido alguna desavenencia con alguien y te has reconciliado con la persona? Piensa en lo que pasó. ¿Qué hiciste? ¿Qué hizo la otra persona?

Sometimes we may not take the time to see the impact our choices and actions have. We lose sight of where we are going. We may not realize the positive direction our lives have taken, or that we have strayed from the path that God calls us to take. When we examine our conscience, we honestly ask ourselves about our relationship with God and others.

When we receive the Sacrament of Penance we must confess our serious sins and should even confess our less serious sins.

Have you ever had a disagreement with someone and then reconciled with the person? Think about what happened. What did you do? What did the other person do?

Do YOU Know?

During an examination of conscience, we ask the Holy Spirit to help us judge the direction of our lives. Here are some possible questions you can ask yourself:

- Do I make anyone or anything more important to me than God? Have I found time to read Scripture and listen to God's word? Do I pray?
- Have I treated God's name and the name of Jesus with reverence?
- Do I participate in Mass and keep Sunday holy by what I say and do?
- Have I respected, obeyed, and cared for my parent(s) and guardians? Have I been kind and considerate to my brothers and sisters?
- Am I a person who respects all life? Am I patient with the elderly, aware of the hungry and homeless, and respectful of those different from me?
- Do I treat my own body and the bodies of others respectfully? Have I harmed myself, or encouraged others to harm themselves, by improper use of things like drugs, alcohol, or food?
- Have I been selfish or stolen anything from anyone? Have I shared my belongings?
- Am I a truthful person? Have I been fair and honest with friends, family, teachers, and myself?
- Do I try to do God's will in my relationships with others? Have I been happy for others when they have the things they want or need?
- Have I made God my treasure rather than material possessions?

151

Celebramos el sacramento de la Penitencia y Reconciliación.

Al prepararnos para buscar y recibir el perdón de Dios debemos examinar nuestra conciencia en silencio y piadosamente. Debemos centrarnos en lo que pudo separarnos de la vida de gracia de Dios. También debemos confesar los pecados veniales. Puedes hablar de esto con el sacerdote con quien te confiesas.

Podemos celebrar el sacramento de la Reconciliación individualmente o en comunidad. En ambos casos confesamos en privado nuestros pecados al sacerdote. Cuando nos reunimos como comunidad para celebrar el sacramento cada uno se reúne con el sacerdote en forma individual y privada: la confesión y la absolución. Hay cuatro partes principales en el sacramento de la reconciliación:

- *Contrición.* Contrición es el arrepentimiento de los pecados cometidos con el firme propósito de no pecar de nuevo. Cuando nuestra contrición se debe a nuestra fe en Dios y nuestro amor por él es llamada contrición perfecta. Esta es la parte más importante del acto del penitente,

o persona que busca el perdón y la reconciliación. La tristeza por el pecado y el deseo de no pecar más deben ser genuinos. Nuestra intención debe ser no pecar más.

- *Confesión.* El penitente habla con el sacerdote, dice sus pecados. La confesión nos permite responsabilizarnos de nuestras acciones, reconciliándonos con Dios y con la Iglesia. El sacerdote no puede decir a nadie lo que le decimos en la confesión. A esto le llamamos el secreto de la confesión.

- *Penitencia.* Como el pecado debilita nuestra relación con Dios y con los demás, necesitamos hacer algo para reparar nuestras faltas. El sacerdote nos da una penitencia que puede ser una oración o una buena obra.

- *Absolución.* El sacerdote, en la persona de Cristo y por el poder del Espíritu Santo, absuelve (perdona) los pecados al penitente. El sacerdote hace la señal de la cruz sobre el penitente y dice la oración de la absolución.

El sacramento de la Reconciliación es una forma maravillosa de alabar y dar gracias a Dios por su misericordia y perdón. Es también una forma de crecer en la gracia de Dios y en amor hacia los demás.

La Iglesia celebra el sacramento de la Penitencia y Reconciliación

Rito de reconciliación individual

El sacerdote me saluda.

Hago la señal de la cruz.
El sacerdote me pide confiar en la misericordia de Dios.

El sacerdote o yo podemos leer más de la Biblia.

Confieso mis pecados.
Hablo con el sacerdote.

El sacerdote me habla sobre como amar a Dios y a los demás.
El sacerdote me da una penitencia.

Hago un acto de contrición.

En nombre de Dios y de la Iglesia, el sacerdote me da la absolución. (El puede extender o poner su mano sobre mi cabeza.)

Juntos, damos gracias a Dios por su perdón.

Rito de reconciliación de varios penitentes con confesión y absolución individual

Cantamos una canción para empezar y el sacerdote nos recibe.
El sacerdote hace una oración para empezar.

Escuchamos una lectura de la Biblia y una homilía.

Examinamos nuestra conciencia.
Hacemos un acto de contrición.
Podemos hacer una oración, cantar una canción o rezar el Padrenuestro.

Cada uno confiesa individualmente sus pecados al sacerdote y el sacerdote le da una penitencia.

En el nombre de Dios y la Iglesia, el sacerdote nos da la absolución. (El puede extender o poner su mano sobre mi cabeza.)

Después rezamos para concluir nuestra celebración. El sacerdote nos bendice y nos vamos con la paz y el gozo de Cristo.

We celebrate the Sacrament of Penance and Reconciliation.

As we prepare to seek and receive God's forgiveness, we should examine our conscience quietly and prayerfully. We should focus on whatever might separate us from God's life of grace. But we should also confess our venial sins as well. You may want to discuss this with the priest to whom you will confess your sins.

We can celebrate the Sacrament of Penance individually or communally. When we assemble as a community to celebrate the sacrament, each of us meets with the priest individually and privately for confession and absolution. There are four main parts to the Sacraments of Penance:

■ *Contrition.* Contrition is sorrow for our sins with a firm purpose not to sin again. When our contrition comes from believing in God and loving him it is called perfect contrition. Contrition is the most important act of the penitent, or person seeking forgiveness and reconciliation. Sadness for the sin and the

desire to sin no more must be genuine. Our intention must be to sin no more.

■ *Confession of sins.* The penitent speaks with the priest, telling him what sins were committed. In confessing our sins we take responsibility for our actions and can be reconciled with God and the Church. The priest cannot tell anyone what he has heard in confession. We call this the seal of confession.

■ *Penance.* Since sin weakens us and our relationship with God and others, we need to do something to show we are sorry for the sin. The priest gives us an act of penance to perform, such as saying a prayer or doing a good deed.

■ *Absolution.* The priest, in the person of Christ and through the power of the Holy Spirit, absolves (forgives) the penitent's sins. The priest makes the Sign of the Cross over the penitent and says the prayer of absolution.

The Sacrament of Penance is a wonderful way to praise God and thank him for his mercy and forgiveness. It is also a way to grow in God's life of grace and in the love of one another.

The Church Celebrates the Sacrament of Penance

Rite for Reconciliation of Individual Penitents

The priest greets me.

I make the Sign of the Cross.
The priest asks me to trust in God's mercy.

He or I may read something from the Bible.

I talk with the priest about myself.
I confess my sins.

The priest talks to me about loving God and others. He gives me a penance.

I make an Act of Contrition.

In the name of God and the Church, the priest gives me absolution. (He may extend or place his hands on my head.)

Together the priest and I give thanks to God for his forgiveness.

Rite for Reconciliation of Several Penitents with Individual Confession and Absolution

We sing an opening hymn and the priest greets us. The priest prays an opening prayer.

We listen to a reading from the Bible and a homily.

We examine our conscience.
We make an Act of Contrition.
We may say a prayer or sing a song, and then pray the Our Father.

Each of us then meets individually and privately with the priest.

I confess my sins. The priest gives me a penance.

In the name of God and the Church, the priest gives me absolution. (He may extend or place his hands on my head.)

After everyone has met with the priest, we join together to conclude the celebration. The priest blesses us, and we go in the peace and joy of Christ.

CRECIENDO EN LA FE

ORACION

✝ **S**eñor Jesús:
Escogiste ser llamado
amigo de pecadores.
Por tu muerte y resurrección
salvadoras me libraste de mis pecados.
Que tu paz se arraigue en mi corazón
y me traiga una cosecha
de amor, santidad y verdad.
Amén.

RECUERDA

la Iglesia enseña que:

- ◉ pecado es elegir—pensar, decir, actuar y omitir—hacer lo que sabemos está mal y contra la voluntad de Dios.

- ◉ nuestra conciencia es la habilidad de conocer la diferencia entre el mal y el bien, lo bueno y lo malo.

- ◉ en el sacramento de la Reconciliación, nuestros pecados son perdonados, somos reconciliados con Dios, la Iglesia y con los demás.

- ◉ el sacerdote actúa en la persona de Cristo para perdonar nuestros pecados.

- ◉ los pecados confesados al sacerdote son protegidos por el secreto de la confesión, que obliga al sacerdote a guardar secreto total.

Vocabulario

pecado (pag. 146)
pecado mortal (pag. 146)
pecado venial (pag. 146)
Sacramento de la Penitencia y Reconciliación (pag. 148)
conciencia (pag. 148)

REFLEXIONA Y ACTUA

¿Es difícil para ti pedir perdón a Dios, a la Iglesia, a una persona? ¿Por qué sí o por qué no?

¿Por qué llamamos sacramento de Reconciliación al signo del amor y el perdón de Dios?

Growing in Faith

PRAY

✝ Lord Jesus,
you chose to be called
the friend of sinners
By your saving death and resurrection
free me from my sins.
May your peace take root in my heart
and bring forth a harvest
of love, holiness, and truth.
Amen.

REMEMBER
The Church teaches...

◉ Sin is freely choosing—by thought, word, deed, or omission—to do something that we know is wrong and against God's will.

◉ Our conscience is our ability to know the difference between good and evil, right and wrong.

◉ In the Sacrament of Penance, our sins are forgiven. We are reconciled to God, the Church, and one another.

◉ Priests act in the person of Christ to forgive our sins.

◉ The sins that we confess to the priest are protected by the seal of confession, which obliges the priest to total secrecy.

Faith Words

sin (p. 147)
mortal sin (p. 147)
venial sin (p. 147)
Sacrament of Penance
   and Reconciliation (p. 149)
conscience (p. 149)

REFLECT & ACT

Is it difficult for you to ask forgiveness from God, the Church, or someone else? Why or why not?

Why do we call the sign of God's love and forgiveness the Sacrament of Penance?

A. Escribe el término al lado de su definición.

Pecados veniales	Sagrada comunión	Pascua
consagración	Pecado	misa
leccionario	Conciencia	Liturgia de la Palabra
contrición	Penitencia y Reconciliación	liturgia
Liturgia de la Eucaristía	El domingo	Eucaristía

1. _____ es el sacramento por medio del cual nuestra relación con Dios y la Iglesia es restaurada y nuestros pecados pedonados.

2. La _____ es la celebración de la Eucaristía, la mayor oración de alabanza y acción de gracias a Dios Padre.

3. _____ es la fiesta con la que el pueblo judío recuerda la forma milagrosa en que Dios lo salvó de la muerte y la esclavitud de Egipto.

4. _____ es el Cuerpo y la Sangre de Cristo que nos nutre y que recibimos en la Eucaristía.

5. El _____ es la colección de lecturas de la Biblia proclamadas en la misa.

6. La _____ es la parte de la misa donde escuchamos la proclamación de la palabra de Dios.

7. _____ es nuestra habilidad de conocer la diferencia entre el bien y el mal, lo bueno y lo malo.

8. La _____ es la parte de la misa donde ofrecemos y recibimos el regalo de Jesús.

9. La _____ es el sacramento del Cuerpo y la Sangre de Cristo.

10. La _____ es la parte de la oración eucarística en que el sacerdote dice y hace lo que Jesús hizo en la última cena.

11. _____ es un pensamiento, palabra, obra u omisión en contra de la ley de Dios que daña nuestra relación con Dios y los demás.

12. _____ es el día del Señor, el día más importante para la celebración de la Eucaristía.

13. La _____ es la oración pública y oficial de la Iglesia.

14. La _____ es el arrepentimiento por los pecados cometidos y el firme propósito de no pecar más.

15. _____ son pecados menos graves que debilitan nuestra relación con Dios pero no nos separan totalmente de él.

B. Subraya la respuesta que _no_ es correcta.

1. Durante la primera pascua, los israelitas
   a. se negaron a escuchar a Moisés.
   b. mataron a un cordero pequeño.
   c. pintaron las puertas con la sangre del cordero.
   d. comieron una comida especial.

2. La noche antes de morir Jesús:
   a. celebró la pascua con sus amigos.
   b. explicó a los apóstoles que su vida sería sacrificada.
   c. murió en la cruz.
   d. instituyó la Eucaristía.

3. Cuando celebramos la misa
   a. compartimos el misterio pascual de Cristo.
   b. participamos en una comida y en un sacrificio.
   c. nos comprometemos a vivir la llamada de Dios.
   d. nos liberamos del pecado original.

4. En el sacramento de la Reconciliación
   a. nuestros pecados son perdonados.
   b. nos reconciliamos con Dios.
   c. experimentamos la misericordia de Dios.
   d. nuestra intención es volver a pecar.

5. La Eucaristía es
   a. nuestra bienvenida a la Iglesia.
   b. una comida porque Jesús dijo: "tomen y coman".
   c. un sacrificio porque es un memorial de la muerte de Jesús.
   d. la mayor oración de acción de gracias de la Iglesia.

C. Responde las siguientes preguntas

1. ¿Cómo quiere Jesús que sus discípulos lo recuerden?

   _____

   _____

2. ¿Qué puede ayudarte a entender y participar más plenamente en la misa?

   _____

   _____

3. Al final de la misa somos enviados a servir a los demás. ¿Qué significa eso para ti?

   _____

   _____

4. ¿Qué puedes hacer para ayudarte a formar tu conciencia para tomar mejores decisiones?

   _____

   _____

5. ¿Cómo puede el sacramento de la Penitencia y Reconciliación ayudarte a perdonar a otros?

   _____

   _____

❖ Unit 3 Assessment ❖

A. Choose the correct term to complete each statement.

Venial sins	Holy Communion	Passover
Consecration	sin	Mass
Lectionary	conscience	Liturgy of the Word
Contrition	Sacrament of Penance and Reconciliation	liturgy
Liturgy of the Eucharist	Sunday	Eucharist

1. The _____ is the sacrament by which our relationship with God and the Church is restored and our sins are forgiven.

2. The _____ is the celebration of the Eucharist; the Church's great prayer of praise and thanks to God the Father.

3. _____ is the feast on which Jewish people remember the miraculous way that God saved them from death and slavery in ancient Egypt.

4. _____ is the Body and Blood of Christ that we receive and by which we are nourished in the Mass.

5. The _____ contains the collection of readings from the Bible that are proclaimed at Mass.

6. The _____ is part of the Mass during which we hear God's Word proclaimed.

7. Our _____ is our ability to know the difference between good and evil, right and wrong.

8. The _____ is the part of the Mass in which we offer and receive the gift of Jesus.

9. The _____ is the Sacrament of the Body and Blood of Christ.

10. The _____ is the part of the Eucharistic Prayer when the priest says and does what Jesus did at the Last Supper.

11. _____ is a thought, word, deed, or omission against God's law that harms us and our relationship with God and others.

12. _____ is the Lord's Day, the principal day for celebrating the Eucharist.

13. The _____ is the official public prayer of the Church.

14. _____ is sorrow for sins with a firm purpose not to sin again.

15. _____ are less serious sins that weaken our relationship with God but do not turn us completely away from him.

B. Circle the response that does *not* belong.

1. On the first Passover the Israelites
   a. refused to listen to Moses, their leader.
   b. killed a young lamb.
   c. sprinkled the lamb's blood on their doorposts.
   d. ate a special meal.

2. On the night before he died, Jesus
   a. celebrated Passover with his friends.
   b. explained to his disciples that his life would be sacrificed.
   c. was crucified.
   d. gave us the Eucharist.

3. When we celebrate Mass we
   a. share in Christ's Paschal Mystery.
   b. participate in a meal and a sacrifice.
   c. commit to living as God calls us to live.
   d. are freed from Original Sin.

4. In the Sacrament of Penance and Reconciliation
   a. our sins are forgiven.
   b. we are reconciled to God.
   c. we experience God's mercy.
   d. our intention is to sin again.

5. The Eucharist is
   a. our first welcoming into the Church.
   b. a meal because Jesus said, "Take and eat."
   c. a sacrifice because it is a memorial of Jesus' Death.
   d. the Church's great prayer of thanksgiving.

C. Share your faith by responding thoughtfully to these questions.

1. How did Jesus want his disciples to remember him? _____
_____
_____

2. What would help you understand and participate more fully in the Mass?
_____
_____
_____

3. At the end of Mass we are "sent forth" to love and serve others. What does that mean to you?
_____
_____
_____

4. What can you do to form your conscience so that you will make right choices? _____
_____
_____

5. How can celebrating the Sacrament of Penance help you to be more forgiving of others?
_____
_____
_____

Viviendo las leyes de Dios

◎ Señor, enséñame el camino de tus leyes,
pues quiero seguirlo hasta el fin.
Dame entendimiento para guardar tu enseñanza;
¡quiero obedecerla de todo corazón!
Llévame por el camino de tus mandamientos,
pues en él está mi felicidad.

Salmo 119:33–35

Los salmos expresan nuestra necesidad de la ayuda
de Dios para vivir vidas de fe. ¿Cómo puede Dios
ayudarte a vivir como su seguidor?

CHAPTER 13

Living God's Laws

LORD, teach me the way of your laws;
  I shall observe them with care.
Give me insight to observe your teaching,
  to keep it with all my heart.
Lead me in the path of your commands,
  for that is my delight.

Psalm 119:33–35

The psalms of the Old Testament express our need for God's help in living faithful lives. How can God help you to live as his follower?

Los Diez Mandamientos nos enseñan como vivir como pueblo de Dios.

Una y otra vez, Dios llegó con amor a los israelitas. En el Antiguo Testamento podemos ver que Dios quiso formar a Israel en un pueblo santo, una nación diferente. Para ello Dios hizo una alianza con el pueblo.

Los israelitas apreciaban la alianza que hizo Dios en el Monte Sinaí con su gran líder Moisés, quien los sacó de Egipto. La razón para esta alianza era que Dios quería que los israelitas fueran libres, no sólo físicamente y políticamente, sino también espiritualmente, de la esclavitud del pecado.

La alianza de Dios requiere una respuesta del pueblo. Dios reveló a Moisés que los israelitas deberían tener ciertas responsabilidades al observar la alianza. En Exodo leemos que: "Moisés fue y le contó al pueblo todo lo que el Señor había dicho y ordenado, y todos a una voz contestaron: —¡Haremos todo lo que el Señor ha ordenado!" (Exodo 24:3). Los mandamientos de Dios fueron resumidos en lo que hoy conocemos como Los Diez Mandamientos. Los **Diez Mandamientos** son las leyes de la alianza que Dios dio a Moisés en el Monte Sinaí.

La Iglesia Católica enseña que los Diez Mandamientos son también las leyes de Dios para nosotros y que no pueden ser cambiados por ninguna ley humana. Cuando somos fieles a Dios y obedecemos sus mandamientos, nos acercamos más a él en amistad y amor. Crecemos en santidad y felicidad cuando vivimos de acuerdo a los mandamientos.

Los primeros tres mandamientos se refieren a nuestra relación directa con Dios. Los restantes a nuestras relaciones con los demás.

El primer mandamiento nos recuerda adorar y servir a un solo y verdadero Dios. Sólo Dios es nuestra salvación. Falsos dioses tales como: un exagerado deseo de poder, dinero y popularidad, no pueden darnos lo que Dios nos da. Negar la existencia de Dios, ateísmo, es un pecado contra el primer mandamiento.

Cuando vivimos el espíritu de este mandamiento, ponemos nuestra confianza en el verdadero y único Dios, no en la superstición o el ocultismo. Adoramos a Dios cuando reconocemos que él es el creador y salvador y que dependemos totalmente de él para nuestra vida y felicidad. Rezamos y somos testigos de Dios y nuestra creencia en él. El primer mandamiento nos llama a creer en Dios, esperar en él y amarlo sobre todas las cosas.

LOS DIEZ MANDAMIENTOS

1. Amarás a Dios sobre todas las cosas.
2. No tomarás el nombre de Dios en vano.
3. Santificarás las fiestas.
4. Honrarás a tu padre y a tu madre.
5. No matarás.
6. No cometerás actos impuros.
7. No robarás.
8. No dirás falso testimonio ni mentirás.
9. No desearás la mujer de tu prójimo.
10. No codiciarás los bienes ajenos.

The Ten Commandments teach us how to live as God's people.

Over and over again God reached out with love to the Israelites. From the Old Testament we learn that God wanted to form them into a holy people, a nation that would be set apart. And God did this by entering into a covenant with them.

The Israelites cherished the covenant God made on Mount Sinai with their great leader Moses, who led them out of slavery in Egypt. The reason for this covenant was that God wanted the Israelites to be free, not only from physical and political bondage, but also from the spiritual slavery of sin.

God's covenant requires a response from the people. God revealed to Moses that the Israelites would have certain responsibilities in observing the covenant. We read in the Book of Exodus that "when Moses came to the people and related all the words and ordinances of the LORD, they all answered with one voice, 'We will do everything that the LORD has told us'" (Exodus 24:3). God's commands were summarized in what we now call the Ten Commandments. The **Ten Commandments** are the laws of God's covenant given to Moses on Mount Sinai.

The Catholic Church teaches that the Ten Commandments are God's law for us, too, and that no human law can change them. When we are faithful to God and obey his commandments, we grow closer to him in friendship and love. When we live by the Ten Commandments, we grow in holiness and happiness.

The first three commandments focus on our direct relationship with God. The remaining seven center on our relationship with ourselves and one another.

The First Commandment reminds us that we worship and serve the one true God. God alone is our Salvation. False gods, such as the exaggerated desire for power, wealth, or popularity, do not give us what God does. Denying God's existence, atheism, is a sin against the First Commandment.

When we live by the spirit of this commandment, we place our trust in the one true God, not in superstitious or occult practices. We adore God when we acknowledge that he is the Creator and Savior and that we are totally dependent upon him for our life and happiness. We pray and give witness to God and to our belief in him. The First Commandment calls us to believe in God, to hope in him, and to love him above all else.

THE TEN COMMANDMENTS

1. I am the LORD your God: you shall not have strange Gods before me.
2. You shall not take the name of the LORD your God in vain.
3. Remember to keep holy the LORD's Day.
4. Honor your father and your mother.
5. You shall not kill.
6. You shall not commit adultery.
7. You shall not steal.
8. You shall not bear false witness against your neighbor.
9. You shall not covet your neighbor's wife.
10. You shall not covet your neighbor's goods.

El segundo mandamiento nos pide honrar el nombre de Dios. Respetar el nombre de Dios es una señal del respeto que Dios merece, en todo su misterio y santidad. Los seguidores de Jesús muestran respeto por su nombre y por el nombre de María y los santos. El segundo mandamiento también nos ayuda a apreciar los dones de la palabra y la comunicación y a usarlos con respeto.

Como católicos observamos el tercer mandamiento asistiendo a la celebración de la misa el domingo, el día del Señor, y manteniendo ese día santo. Celebramos la resurrección y la nueva vida que Cristo nos ha dado. La Iglesia enseña que estamos obligados a asistir a misa el domingo y que podemos mantener santo el domingo de muchas formas:

- rezando
- dejando de hacer trabajos fuertes
- visitando a los enfermos, ancianos y necesitados
- pasando tiempo con nuestros familiares.

Observar el tercer mandamiento nos ayuda a desarrollar la vida familiar, social y espiritual. Debemos atender a los que no pueden descansar el domingo y no exigir trabajo innecesario a otros para que ellos también puedan observar el día del Señor.

¿Cómo fortalecemos nuestra relación con Dios al vivir los tres primeros mandamientos?

② Los Diez Mandamientos nos llaman a vivir respetando a los demás.

El cuarto mandamiento nos enseña que después de honrar a Dios, debemos honrar, respetar, obedecer y cuidar de nuestros padres o tutores. Debemos mostrar honor, afecto y gratitud hacia nuestros familiares y los ancianos. Este respeto se extiende también a toda autoridad, como por ejemplo líderes responsables, legisladores y maestros. Al cumplir el cuarto mandamiento debemos imitar la forma en que Jesús mostró amor y respeto hacia María y José.

El quinto mandamiento nos enseña a respetar la santidad de la vida y la dignidad de la persona. El asesinato, el aborto, el suicidio y la eutanasia niegan el don de la vida. Nosotros creemos que Dios ha dado el derecho a vivir a todo ser humano—desde el momento de su concepción hasta la muerte natural. El aborto no es una opción permitida.

The Second Commandment directs us to honor God's name. Respecting God's name is a sign of the respect that God, in all of his mystery and sacredness, deserves. The followers of Jesus show respect for his name and for the names of Mary and the saints. The Second Commandment also helps us to appreciate the gifts of speech and communication and to use them with care and respect.

As Catholics we observe the Third Commandment by participating in the celebration of Mass on Sunday, the Lord's Day, and by keeping that day holy. We celebrate the Resurrection and the new life Christ has given us. The Church teaches that we are obligated to participate in Mass on Sundays and that we can keep Sunday holy in several ways:

- by participating in prayer
- by refraining from unnecessary work
- by serving the sick, elderly, and needy
- by spending time with our families.

Observing the Third Commandment helps us to develop family, social, and spiritual lives. We must be mindful of those who cannot rest on Sundays, and we should not place any unnecessary demands on others, so that they, too, can keep the Lord's Day.

> How is our relationship with God strengthened by living out the first three commandments?

 ## The Ten Commandments call us to live with respect for others.

The Fourth Commandment requires us that after honoring God, we should honor, respect, obey, and care for our parents and guardians. We should show honor, affection, and gratitude toward our extended families and the elderly. This respect also extends to all of those in authority, such as responsible government leaders, those in law enforcement, and teachers. In fulfilling the Fourth Commandment, we can imitate the way that Jesus showed love and respect toward Mary and Joseph.

The Fifth Commandment requires us to respect the sacredness of life and the dignity of the person. Murder, abortion, suicide, and euthanasia deny the gift of life. We believe that every human being—from conception to natural death—has the God-given right to life. Abortion is not a matter of choice.

STOP ABORTION NOW

En un mundo plagado de violencia, guerra y contiendas étnicas y religiosas, la Iglesia se opone a los conflictos armados como solución a los problemas sociales y políticos. En los últimos años los papas y los obispos de los Estados Unidos han hablado fuertemente en contra del uso de las armas nucleares y químicas. La ley de Dios nos llama a trabajar hasta el cansancio por la paz mundial.

El respeto por la persona humana va más allá de eliminar físicamente a otros o a uno mismo. Debemos respetar la vida humana:

- evitando todo lo que pueda herir o poner en peligro la vida, por ejemplo: ira, uso de narcóticos, comer y beber desordenado
- cuidando adecuadamente de nuestra salud
- cuidando del medio ambiente en el que crece la vida.

El sexto mandamiento apoya la santidad del don de la persona humana—cuerpo y alma—creada a imagen y semejanza de Dios. El don de la sexualidad humana nos ayuda a expresar nuestra participación en el amor creador de Dios. El sacramento del

Matrimonio es una unión sagrada que une a un hombre y una mujer. Quien viole este voto con el adulterio, la infidelidad, o el abuso, está dañando el don de Dios de la sexualidad. La actividad sexual fuera del matrimonio es pecado.

Todo bautizado está llamado a la virtud de la **castidad**, don de Dios que nos llama a usar nuestra sexualidad humana en forma responsable y fiel. Nuestros cuerpos son templos del Espíritu Santo y como tal debemos respetarnos y respetar a otros. Jesucristo es nuestro modelo de castidad.

El sexto mandamiento también nos recuerda que debemos atesorar nuestra sexualidad porque es algo hermoso. Toda acción que ofenda o viole la dignidad y santidad de nuestro cuerpo es mala. Nuestra comprensión y aprecio de nuestra sexualidad nos enseña a amarnos y amar a los demás.

¿Cómo podemos cumplir el cuarto, el quinto y el sexto Mandamientos?

¿Sabías?

Una **virtud** es un buen hábito que nos ayuda a actuar de acuerdo al amor que Dios nos tiene. Hay cuatro virtudes conocidas como virtudes cardinales: *prudencia*, que nos ayuda a hacer sanos juicios y nos dirige a lo bueno; *justicia* consiste en una voluntad firme y constante de dar a Dios y a los demás lo que les pertenece; *fortaleza* que asegura firmeza en las dificultades y constancia en buscar a Dios y *templanza* que nos ayuda a controlar nuestros deseos.

In a world torn apart by violence, war, and ethnic and religious strife, the Church opposes armed conflict as a solution to political and social problems. In recent years the pope and the bishops of the United States have spoken out strongly against the use of nuclear and chemical weapons. God's law calls us to work untiringly for peace on earth.

Respect for the human person extends beyond direct killing of others or oneself. We are to respect human life and the human body by:

- avoiding anything that could injure or endanger life, such as uncontrolled anger, the use of narcotics, or excessive eating and drinking
- taking proper care of our own health
- caring for the environment in which all life flourishes.

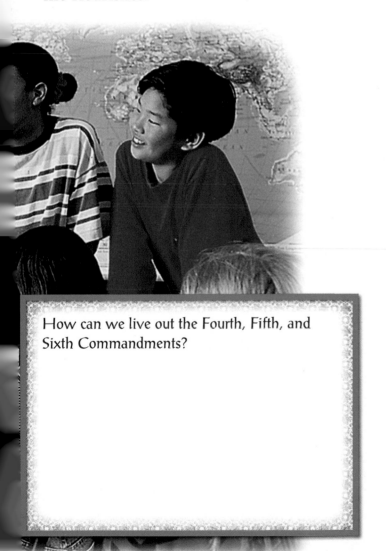

How can we live out the Fourth, Fifth, and Sixth Commandments?

The Sixth Commandment upholds the sacredness of the gift of the human person—body and soul—as made in the image and likeness of God. The gift of human sexuality helps us to express our partnership in God's created love. The Sacrament of Matrimony unites a man and woman in a sacred union. Anything or anyone who violates this vowed commitment through adultery, unfaithfulness, or abuse is harming God's gift of human sexuality. All sexual activity outside of marriage is wrong.

Every baptized person is called to the virtue of **chastity**, a gift from God that calls us to use our human sexuality in a responsible and faithful way. Our bodies are Temples of the Holy Spirit, and as such must be respected by ourselves and others. Our model of chastity is Jesus Christ.

The Sixth Commandment also reminds us to treasure our human sexuality, because it is something truly beautiful. Any action that violates or harms the dignity and sacredness of our bodies is wrong. Our understanding and appreciation of our human sexuality deepens as we learn to love and be loved by others.

Do YOU Know?

A **virtue** is a good habit that helps us to act according to God's love for us. There are four virtues known as the Cardinal Virtues: *prudence* helps us to make sound judgments and directs us to what is good; *justice* consists in the firm and constant will to give God and neighbor their due; *fortitude* ensures firmness in difficulties and constancy in the pursuit of the good; *temperance* helps us to keep our desires under control.

③ Los Diez Mandamientos nos invitan a vivir responsablemente.

El séptimo mandamiento apoya la justicia en todas sus formas. Este mandamiento protege el derecho de toda persona de compartir los dones de Dios y de ser respetado. Robar, engañar y la deshonestidad van en contra de este mandamiento.

También se nos recuerda que los celos y el prejuicio dañan nuestra relación con Dios y con los demás. Las cosas materiales no nos dan la felicidad que nos da seguir la voluntad de Dios. Debemos usar los recursos que tenemos para ayudar a los pobres y los necesitados. Debemos también usar y preservar los recursos de la tierra con sabiduría.

Es necesario respetar la verdad en una sociedad. El octavo mandamiento nos hace responsables de decir la verdad. Nos enseña honrar el buen nombre de todo el mundo y evitar cualquier cosa que dañe la reputación de otra persona:

- Debemos decir la verdad siempre.
- Debemos respetar la intimidad de los demás y guardar los secretos que se nos confíen, a menos que alguien sea perjudicado con nuestro silencio.
- Debemos tratar a todo el mundo con igual respeto sin importar la raza, sexo, religión, nacionalidad o edad. Esta igualdad viene de ser creados a imagen y semejanza de Dios.
- Debemos ser testigos de la verdad de Jesucristo por medio de nuestras palabras y obras.

El noveno mandamiento no sólo nos pide control en materia sexual. Nos llama a tener una actitud positiva hacia nuestra sexualidad, que es una dimensión de nuestra humanidad. Pureza de mente y corazón amerita modestia que es parte de la virtud de templanza. **Modestia** es la virtud por medio de la cual nos vestimos, actuamos, hablamos y pensamos

respetándonos y respetando a los demás. La pornografía es una violencia visual. Daña la dignidad y santidad de nuestros cuerpos.

El décimo mandamiento nos previene contra la envidia, o cualquier deseo de poseer la propiedad que pertenece a otros. La envidia, incluye tristeza por no tener lo que otro tiene, no tiene lugar en nuestras vidas y no puede llevarnos a la verdadera felicidad. Este mandamiento también prohibe la avaricia y el deseo de obtener ilimitadas posesiones terrenales. Somos llamados a actuar y a compartir justamente.

¿Cómo los Diez Mandamientos nos ayudan a mantener una relación correcta con Dios y con los demás?

The Ten Commandments call us to live responsibly.

The Seventh Commandment upholds justice in all its forms. This commandment protects the right of all people to share in God's gifts and to have equal respect. Stealing, cheating, and dishonesty in any form are against this commandment.

We are also reminded that jealousy and prejudice harm our relationship with God and others. Preoccupation with material goods will not bring the happiness that following God will. We are to use the resources we have to help poor and needy people. We should also use wisely and preserve the earth's resources.

Respect for truth is necessary in a society of openness and honesty. The Eighth Commandment holds us responsible for the truth. It teaches us to honor the good name of all people and to avoid anything that would injure another's reputation:

- We are to tell the truth in all situations.
- We are to respect the privacy of others, and keep a trust or confidence someone has shared with us, unless someone will be harmed by our silence.
- We are to treat all people with equal respect no matter their race, gender, religion, or age. This equality is the truth that comes from being made in God's image.
- We are to give witness to the truth of Jesus Christ through our words and deeds.

The Ninth Commandment calls for a single-mindedness and control with regard to sexual matters. It calls us to a positive attitude toward our sexuality, which is only one dimension of our humanity. Purity of mind and heart requires modesty which is part of the virtue of temperance. **Modesty** is the virtue by which we dress, act, speak, and think in ways that show respect for

ourselves and others. Pornography is visual violence. It harms the dignity and sacredness of our bodies.

The Tenth Commandment warns against envy, or any willful desire to possess property that belongs to others. Envy, which includes sadness at the sight of another's goods, has no place in our lives and cannot lead us to true happiness. This commandment also forbids greed and the desire to obtain earthly goods without limit. We are called to act and share with justice.

How do the Ten Commandments keep us in a right relationship with God and others?

CRECIENDO EN LA FE

ORACION

El vivir de acuerdo a los mandamientos nos da una paz interna y un gozo que nadie puede arrebatarnos. Pero necesitamos la ayuda de Dios para caminar firmemente este camino. Por eso oramos:

✝ "Oh Señor, enséñame tu camino, para que yo lo siga fielmente. Haz que mi corazón honre tu nombre"
Salmo 86:11

REFLEXIONA Y ACTUA

Dios nos dio los Diez Mandamientos porque nos ama. Ellos son un camino hacia la felicidad con Dios sin pecado.

RECUERDA
la Iglesia enseña que:

◎ los Diez Mandamientos guían nuestra relación con Dios y con los demás. Ninguna ley humana puede cambiarlos.

◎ los Diez Mandamientos no son simples reglas, son leyes que nos guían a vivir nuestra alianza con Dios.

◎ los primeros tres mandamientos guían nuestra relación con Dios. Los restantes guían nuestra relación con los demás.

◎ vivir de acuerdo a los mandamientos es una responsabilidad seria. Es la única forma de alcanzar la verdadera felicidad y la paz.

Vocabulario

Diez Mandamientos (pag. 162)
virtud (pag. 166)
castidad (pag. 166)
modestia (pag. 168)

¿Por qué crees que los mandamientos de Dios nos dirigen en como vivir nuestra vida y como usar nuestra libertad?

¿Qué puedes decir a otros acerca de cómo los mandamientos nos ayudan a vivir una vida feliz?

GROWING IN FAITH

PRAY

Living by the commandments gives us an inner peace and joy that no one can take away from us. But we need God's help in order to walk firmly in his way. And so we pray:

✝ Teach me, LORD, your way
    that I may walk in your truth,
    single-hearted and
       revering your name.
    Psalm 86:11

REMEMBER
The Church teaches...

◉ The Ten Commandments guide us in our relationship with God and with one another. No human law can change them.

◉ The Ten Commandments are not mere rules; they are laws directing us to live the covenant we have with God.

◉ The first three commandments guide our relationship with God. The remaining seven commandments deal with our relationships to self and to others.

◉ Living according to the commandments is a serious responsibility. It is the only way to true happiness and peace.

Faith Words

Ten Commandments (p. 163)
virtue (p. 167)
chastity (p. 167)
modesty (p. 169)

REFLECT & ACT

God gave us the Ten Commandments out of love. They are a clear path away from the unhappiness of sin to happiness with God.

Why do you think God's commandments direct us in the way to live and use our freedom?

What can you tell others about the commandments as a help to living a happier life?

La forma de amar de Jesús

◎ Amor es una palabra que escuchamos
con frecuencia en diferentes situaciones.
Algunas personas dicen que se ha mal
usado y que el verdadero amor ha perdido
su significado.

¿Qué crees que significa la palabra amor?

¿Cómo muestran tus acciones tu amor
por tu familia y amigos?

Jesus' Way of Loving

Love is a word that we hear all the time and in many different situations. Some people say that the word has become overused and that the true meaning of love is lost.

What do you think the word *love* means?

How do your actions show love for your family and friends?

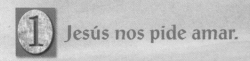

① Jesús nos pide amar.

Las leyes de Dios guiaron a su pueblo por el camino correcto en la vida. Sin embargo, algunas veces el pueblo olvidó o se alejó de Dios. Con la alianza y los Diez Mandamientos Dios quería que el pueblo observara sus mandamientos por amor a él y a los demás. Una gran oración en el Antiguo Testamento resume los mandamientos:

> Oye, Israel: El Señor nuestro Dios es el único Señor. Ama al Señor tu Dios con todo tu corazón, con toda tu alma y con todas tus fuerzas. Deuteronomio 6:4–5

Al pueblo también se le dijo: "Ama a tu prójimo, como a ti mismo" (Levítico 19:18). Los Diez Mandamientos eran leyes concretas que mostraban como Dios quería que le amaran a él y al prójimo.

Jesús observó y respetó las leyes de la alianza. El dijo a sus discípulos: "No crean ustedes que yo he venido a poner fin a la ley ni a las enseñanzas de los profetas; no he venido a ponerles fin, sino a darles su verdadero significado" (Mateo 5:17).

Una vez un maestro de la ley preguntó a Jesús cuál era el mayor de los mandamientos de la ley. Jesús le contestó juntando las enseñanzas del Antiguo Testamento en el Gran Mandamiento.

> Ama al Señor tu Dios con todo tu corazón, con toda tu alma y con toda tu mente. Este es el más importante y el primero de los mandamientos. Y el segundo es parecido a este; dice: Ama a tu prójimo como a ti mismo. Estos dos mandamientos son la base de toda la ley de las enseñanzas de los profetas. Mateo 22:37–40

Jesus asks us to love.

God's laws guided his people in the right way to live. At times, however, the people forgot or turned away from the way of God. In making the covenant and in giving the Ten Commandments, God wanted the people to observe the commandments out of love for him and for one another. The great prayer of the Old Testament summed up the commandments:

> Hear, O Israel! The LORD is our God, the LORD alone! Therefore, you shall love the LORD, your God, with all your heart, and with all your soul, and with all your strength.
> Deuteronomy 6:4–5

The people were also told, "You shall love your neighbor as yourself" (Leviticus 19:18). The Ten Commandments were concrete laws that showed them how to love God and neighbor.

Jesus observed and respected the laws of the covenant. He told his disciples, "Do not think that I have come to abolish the law or the prophets. I have come not to abolish but to fulfill" (Matthew 5:17).

Once a scholar asked Jesus which commandment in the law was the greatest. Jesus replied by bringing together the teachings of the Old Testament into the Great Commandment:

> You shall love the Lord, your God, with all your heart, with all your soul, and with all your mind. This is the greatest and the first commandment. The second is like it: You shall love your neighbor as yourself. The whole law and the prophets depend on these two commandments.
> Matthew 22:37–40

Cuando los discípulos de Jesús reflexionaron en su vida y enseñanza, se dieron cuenta de lo importante que era el amor para Jesús. Las palabras y las obras de Jesús le invitaron a amar como él.

El les enseñó a amar totalmente a Dios, nuestro Padre. Todo lo que Jesús hizo fue dirigido hacia su Padre. Leemos que Jesús frecuentemente se retira al desierto o a las montañas para orar y estar solo con Dios. De hecho toda la vida de Jesús puede resumirse como que siempre estaba haciendo la voluntad de su Padre.

No es una sorpresa que la noche antes de morir Jesús dijera a sus discípulos:

"Les doy este mandamiento nuevo: Que se amen los unos a los otros. Así como yo los amo a ustedes, así deben amarse ustedes los unos a los otros. Si se aman los unos a los otros, todo el mundo se dará cuenta de que son discípulos míos" (Juan 13:34–35).

Este mandamiento de Jesús a sus discípulos es conocido como el **Nuevo Mandamiento**. Jesús quería que sus discípulos amaran como él amó y actuaran como él actuó para que todos conocieran a Jesús a través de ellos.

Más tarde, Jesús confirmó que él había venido como ejemplo perfecto de amor por todos nosotros. Jesús dijo a sus discípulos: "Mi mandamiento es este: que se amen unos a otros como yo los he amado a ustedes. El amor más grande que uno puede tener es dar su vida por sus amigos" (Juan 15:12–13). Jesús dio su vida por nosotros, así nos mostró su gran amor por nosotros.

¿Qué puedes hacer para amar a los demás como Jesús te ama?

 ## Las Bienaventuranzas son guías para la verdadera felicidad.

En los tiempos de Jesús, el pueblo de Dios necesitaba de alguien que lo dirigiera a la verdadera libertad. Como nación había sufrido muchas guerras y dominaciones de gobiernos extranjeros. El pueblo esperaba al Mesías para que lo libertara de la opresión y le mostrara el camino a la libertad.

Dios había dado a los israelitas el don de la Ley de Moisés como una forma de vida. Jesús quiso enseñar de nuevo esta lección: Ama a Dios y a tu prójimo. El dijo al pueblo que Dios es un Dios de amor y no de miedo.

Jesús veía el pueblo desanimado. Había perdido el norte. Jesús le desafió a dar un gran paso hacia la libertad sin importar lo penoso que pareciera. Jesús prometió a los que sufrieran por el reino de Dios que serían recompensados. El Evangelio de Mateo nos narra que en el Sermón del Monte Jesús enseña las Bienaventuranzas que son el camino a la verdadera felicidad.

¿Sabías?

La santísima Virgen María es nuestro modelo de fe, esperanza y amor más perfecto. Ella confió totalmente en Dios cuando dijo: "Que Dios haga conmigo como me has dicho" (Lucas 1:38). La fe de María fue fuerte a pesar de las muchas dificultades y penas que sufrió como madre de Jesús. Ella expresó su profunda fe en Dios en su canto, el Magnificat. Durante toda su vida, María glorificó a Dios y amó a Jesús y a sus discípulos.

When the disciples of Jesus reflected on his life and teaching, they realized how important love was to Jesus. By word and example Jesus had urged them to love as he did.

He taught them to love God our Father totally. Everything that Jesus did was directed to his Father. We read that Jesus went off to the desert or to the mountains frequently to be alone with God and to pray. In fact, Jesus' whole life could be summed up as always doing the will of his Father.

So, it is not surprising that on the night before he died, Jesus told his disciples:

> I give you a new commandment: love one another. As I have loved you, so you also should love one another. This is how all will know that you are my disciples, if you have love for one another.
> John 13:34–35

This command from Jesus to his disciples is known as the **New Commandment**. Jesus wanted his disciples to love as he loved and to act as they knew he would act so that everyone they met would know him through them.

Later on, Jesus stressed that he himself had come as a perfect example of love for all of us. Jesus said to his disciples, "Love one another as I love you. No one has greater love than this, to lay down one's life for one's friends" (John 15:12–13). Jesus did lay down his life for us. And in doing so, Jesus showed how great his love for us was.

What can you do to love others as Jesus has loved you?

② The Beatitudes are guidelines for true happiness.

In the time of Jesus, God's people were again in need of someone to lead them to true freedom. As a nation they had suffered through many wars and domination by foreign rulers. They were looking for the Messiah to free them from this oppression and to show them the path to true freedom.

God had given the Israelites the gift of the Law of Moses as their way of life. Jesus wanted to teach again its lesson: love God and love neighbor. He told the people that his Father is the God of love, not of fear.

When Jesus spoke to the people, he sensed that their spirits were low. They had lost their way. Jesus challenged the people to take a giant step toward freedom, no matter how painful it seemed. Jesus promised that those who suffer for the sake of the Kingdom of God would be rewarded. In Matthew's Gospel, Jesus' Sermon on the Mount gives the way to true happiness called the Beatitudes.

Do YOU Know?

The Blessed Virgin Mary is our most perfect model of faith, hope, and love. She entrusted herself entirely to God when she said, "May it be done to me according to your word" (Luke 1:38). Mary remained strong in hope despite the many difficulties and sorrows she faced as Jesus' mother. She expressed her deep faith in God in her Magnificat, or song. Throughout her life, Mary glorified God and loved Jesus and his disciples.

Las **Bienaventuranzas** son enseñanzas que describen como vivir como discípulos de Jesús. Ellas nos retan a vivir de la manera que Jesús vivió. Cada una de ellas anuncia el espíritu en el cual debemos vivir para el reino de Dios, o *reino de los cielos* como lo llama Mateo en su Evangelio. Cuando dependemos del amor de Dios y no de las cosas materiales, cuando mostramos compasión, humildad y misericordia, estamos trabajando en la construcción del reino de Dios. Esto es también verdad cuando escogemos trabajar por la justicia y la paz sin importar los retos y las dificultades.

¿De qué forma puedes vivir el espíritu de las Bienaventuranzas en tu familia, escuela o vecindario?

Las Bienaventuranzas

Dichosos los que reconocen su necesidad espiritual,
  pues el reino de Dios les pertenece.

Dichosos los que están tristes,
  pues Dios les dará consuelo.

Dichosos los de corazón humilde,
  pues recibirán la tierra que Dios les ha prometido.

Dichosos los que tienen hambre y sed de hacer lo que Dios exige,
  pues él hará que se cumplan sus deseos.

Dichosos los que tienen compasión de otros,
  pues Dios tendrá compasión de ellos.

Dichosos los de corazón limpio,
  pues ellos verán a Dios.

Dichosos los que procuran la paz,
  pues Dios los llamará hijos suyos.

Dichosos los que sufren persecución por hacer lo que Dios exige,
  pues el reino de Dios les pertenece.

Mateo 5:3–10

The **Beatitudes** are teachings that describe how to live as Jesus' disciples. They challenge us to live Jesus' way. Each one of them announces the spirit in which we are to live for God's Kingdom, or the *Kingdom of Heaven* as it is called in Matthew's Gospel. When we depend on God's love and not on possessions, when we show compassion, humility, and mercy, we are working to build up the Kingdom of God. This is also true when we choose to work for justice and peace despite challenges and difficulties.

In what ways can you live the spirit of the Beatitudes in your family, school, or neighborhood?

The Solitude of Christ, Maurice Denis, 1918

The Beatitudes

Blessed are the poor in spirit,
   for theirs is the kingdom of heaven.

Blessed are they who mourn,
   for they will be comforted.

Blessed are the meek,
   for they will inherit the land.

Blessed are they who hunger and thirst
      for righteousness,
   for they will be satisfied.

Blessed are the merciful,
   for they will be shown mercy.

Blessed are the clean of heart,
   for they will see God.

Blessed are the peacemakers,
   for they will be called children of God.

Blessed are they who are persecuted for
      the sake of righteousness,
   for theirs is the kingdom of heaven.

Matthew 5:3–10

3 Jesús nos llama a seguirle en fe, esperanza y caridad.

Los cristianos en todos los tiempos y lugares han tratado de cumplir el nuevo mandamiento de Jesús y vivir las Bienaventuranzas. Los primeros cristianos descubrieron rápidamente que para hacer eso tenían que cambiar la forma de pensar; tendrían que vivir una vida virtuosa.

Una virtud es un buen hábito que ayuda a una persona a vivir de acuerdo al amor de Dios por nosotros. Fe, esperanza y caridad son las tres virtudes más importantes. Se conocen como **virtudes teologales** porque Dios es su fuente, motivo y objeto. Son dones de Dios y señalan la forma de vivir como cristiano.

Fe es el don de Dios por medio del cual creemos en Dios, en todo lo que ha revelado y todo lo que la Iglesia propone para nuestra fe. Por medio del don de la fe tenemos una profunda y permanente relación con Dios, quien nos ama profundamente. La fe nos permite poner nuestra fe en Dios y actuar como Dios quiere que actuemos. Todos los discípulos de Cristo no sólo deben mantener la fe sino también profesarla, testificando en palabras y obras y pasarla a otros.

Esperanza es el don de Dios por medio del cual deseamos la vida eterna, poner nuestra confianza en las promesas de Cristo y depender de la ayuda del Espíritu Santo. Los que tienen esperanza siempre confían en Dios, en ellos mismos y en su relación con Dios. Ellos saben que aún cuando parezca que las cosas están mal, el mal no vencerá el bien y el odio nunca apagará el amor. Esta es la promesa que Jesús nos hizo.

El reto de la esperanza es actuar como Dios quiere que actuemos y buscar las formas de trabajar por la justicia y la paz en el mundo. La Esperanza nos ayuda a recordar que nuestro verdadero destino es ser feliz con Dios por siempre.

San Pablo nos dice que "Tres cosas hay que son permanentes: la fe, la esperanza y el amor; pero la más importante de las tres es el amor" (1 Corintios 13:13). El amor del que estamos hablando es la virtud de la caridad. **Caridad** es el don de Dios que nos permite amarlo sobre todas las cosas y amar a nuestro prójimo como a nosotros mismos.

Con la ayuda de esta virtud cumplimos el Gran Mandamiento: amar a Dios sobre todas las cosas y al prójimo como a ti mismo. Este amor que tenemos por Dios puede ser una fuerza poderosa en nuestras vidas y en nuestro mundo. Puede ayudarnos a apreciar nuestros dones y talentos y a amarnos como Dios nos ama. Nos ayuda a amar aun a los que llamamos enemigos.

Amar a los demás puede ser un gozo inmediato. Amar a los demás requiere sacrificio y la habilidad de perdonar y ser perdonados.

El don del amor está a nuestro alrededor. Jesús nos mostró como reconocer y como usar este don en el mundo. Ese es el significado de ser discípulo de Cristo.

¿Qué o quién te ayuda a ser una persona amorosa, fiel y esperanzada?

Jesus calls us to follow him in faith, hope, and love.

Christians of all times and places have tried to follow Jesus' New Commandment and live the Beatitudes. The early Christians discovered very quickly that to do this they would need a change of heart. They would have to live a life of virtue.

A virtue is a good habit that helps a person live according to God's love for us. Three virtues stand out as the most important of all: faith, hope, and charity. These are known as **theological virtues** because they have God as their source, motive, and object. They are gifts from God and mark the Christian way of life.

Faith is the gift from God by which we believe in God and all that he has revealed, and all that the Church proposes for our belief. Through the gift of faith we have a deep and abiding relationship with God, who loves us completely. Faith allows us to place our trust in God and to act as God wants us to. All disciples of Christ must not only keep the faith, but also profess it, witness to it by our words and actions, and pass it on to others.

Hope is the gift from God by which we desire eternal life, place our trust in Christ's promises, and rely on the help of the Holy Spirit. People of hope never give up on God, themselves, or on the relationship they have with God. They know that, even when things look bad, evil will not finally overcome good, and hatred will never extinguish love. This is the promise that Jesus made to us.

The challenge of hope is to act as God wants us to and to seek ways to work for justice and peace in the world. Hope helps us to remember that our true destiny is to be happy forever with God.

Saint Paul tells us that "faith, hope, love remain, these three; but the greatest of these is love" (1 Corinthians 13:13). The love we are speaking about, however, is the virtue of charity. **Charity** is the gift from God that enables us to love him above all things and to love our neighbor as ourselves.

With the help of this virtue, we follow the Great Commandment: We love God above all things and our neighbors as ourselves. This love we have for God can become a powerful force in our lives and in our world. It can help us to appreciate our gifts and talents and to love ourselves as God loves us. It helps us to love even those who are known as our enemies.

To love others can be a joy, easy and immediately fulfilling. To love others can also require sacrifice, and the ability to forgive others and to welcome forgiveness in our own lives.

The gift of love is all around us. Jesus has shown us how to recognize it and how to use this gift in the world. This is the meaning of being a disciple of Christ.

> What or who helps you to be a loving, faithful, and hopeful person?

CRECIENDO EN LA FE

ORACION

En silencio reflexiona en estas palabras de San Pablo:

✝ Tener amor es saber soportar; es ser bondadoso; es no tener envidia, ni ser presumido, ni orgulloso, ni grosero, ni egoísta; es no enojarse ni guardar rencor; es no alegrarse de las injusticias, sino de la verdad. Tener amor es sufrirlo todo, creerlo todo, esperarlo todo, soportarlo todo. El amor jamás dejará de existir. Un día los hombres dejarán de profetizar, y ya no hablarán en lenguas, ni serán necesarios los conocimientos.

1 Corintios 13: 4–8

RECUERDA

la Iglesia enseña que:

◎ Jesús enseñó el gran mandamiento de amar a Dios sobre todas las cosas y al prójimo como a uno mismo.

◎ Jesús nos ofreció un nuevo mandamiento de amarnos unos a otros como él nos amó.

◎ las Bienaventuranzas son enseñanzas que describen como vivir como discípulos de Jesús.

◎ fe, esperanza y caridad son virtudes teologales porque son dones de Dios y tienen a Dios como su fuente, motivo y objeto.

Vocabulario

Nuevo Mandamiento (pag. 176)
Bienaventuranzas (pag. 178)
virtudes teologales (pag. 180)
fe (pág. 180)
esperanza (pag. 180)
caridad (pag. 180)

REFLEXIONA Y ACTUA

Recuerda un momento feliz en tu vida. ¿Qué te proporcionó esa felicidad? ¿En qué se pareció a la felicidad de vivir como Jesús quiere que vivamos?

San Pablo nos enseña que amor es algo más que sentimientos. ¿Cómo puedes mostrar amor a los que viven a tu alrededor?

GROWING IN FAITH

PRAY

Silently reflect on these words of Saint Paul:

✝ Love is patient, love is kind. It is not jealous, [love] is not pompous, it is not inflated, it is not rude, it does not seek its own interests, it is not quick-tempered, it does not brood over injury, it does not rejoice over wrongdoing but rejoices with the truth. It bears all things, believes all things, hopes all things, endures all things. Love never fails.

1 Corinthians 13:4–8

REMEMBER
The Church teaches...

◎ Jesus taught the Great Commandment, to love God above all others and to love others as ourselves.

◎ Jesus offered us a New Commandment to love one another as Jesus has loved us.

◎ The Beatitudes are teachings that describe how to live as Jesus' disciples.

◎ Faith, hope, and charity are the theological virtues because they are gifts from God that have God as their source, motive, and object.

Faith Words

New Commandment (p. 177)
Beatitudes (p. 179)
theological virtues (p. 181)
faith (p. 181)
hope (p. 181)
charity (p. 181)

REFLECT & ACT

Remember a happy time in your life. What brought you that happiness? How was it like or unlike the happiness of living the way Jesus wants us to?

Saint Paul teaches us that love is much more than a feeling. What can you do to show love to the people in your life?

Sirviendo a los demás

Santa Teresa de Avila escribió: "No podemos estar seguros de que amamos a Dios, aunque tengamos razones para pensar que sí, pero podemos estar bien seguros sí amamos a nuestro prójimo".

¿Crees que tu preocupación por otros es un signo de tu amor por Dios? ¿Por qué?

In the Service of Others

Saint Teresa of Avila once wrote, "We cannot be sure if we are loving God, although we may have good reasons for believing that we are, but we can know quite well if we are loving our neighbor."

Do you think taking care of others is a sign of your love for God? Why?

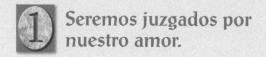

① Seremos juzgados por nuestro amor.

Toda la vida de Jesús fue un ejemplo del servicio a los demás. El dijo a sus discípulos: "Yo estoy entre ustedes como el que sirve" (Lucas 22:27). Cuando ayudamos a otros, estamos siguiendo las huellas de Jesús.

Cuando Jesús dio el Gran Mandamiento de amar a Dios y a nuestro prójimo como a nosotros mismos, un maestro le preguntó: "¿Y quién es mi prójimo?" (Lucas 10:29). Jesús le contestó con la parábola del buen samaritano.

La historia cuenta que un hombre que andaba de viaje fue robado, golpeado y dejado por muerto al lado de la carretera. Tres personas pasaron por el lado, dos siguieron de largo. El tercero era de Samaria, pueblo enemigo de los judíos. El samaritano se paró y curó las heridas del hombre y lo llevó a una posada y pagó sus gastos.

Después de contar la historia Jesús preguntó cuál de los hombres era el prójimo del hombre herido. La respuesta fue: "El que tuvo compasión de él". Jesús le dijo: "Pues ve y haz tú lo mismo" (Lucas 10:37).

Al final de nuestras vidas seremos juzgados por la forma en que cumplimos con nuestras responsabilidades cristianas. Jesús describió el juicio final para ayudarnos a entender la importancia de nuestras acciones diarias. El **juicio final** es la venida de Jesucristo al final de los tiempos para juzgar a todo el mundo. En el Nuevo Testamento leemos que Jesús explicó que algunas personas compartirán el gozo de los cielos y que otras no. A los que hicieron las obras de misericordia Jesús les dirá:

Pues tuve hambre, y ustedes me dieron de comer; tuve sed, y me dieron de beber; anduve como forastero, y me dieron alojamiento. Me faltó ropa, y ustedes me la dieron; estuve enfermo, y me visitaron; estuve en la cárcel, y vinieron a verme. Mateo 25:35–36

Los juzgados preguntarán a Jesús cuándo hicieron esas cosas por él y Jesús le contestará: "Les aseguro que todo lo que hicieron por uno de estos hermanos míos más humildes, por mí mismo lo hicieron" (Mateo 25:40).

En la historia del buen samaritano y en su enseñanza sobre el fin del mundo Jesús estaba hablando de misericordia. Cuando mostramos misericordia por alguien que sufre, estamos mostrando amor y compasión. Jesús enseñó que lo que hiciéramos por otros lo estaríamos haciendo por él. Las **obras de misericordia** son actos de amor por medio de los cuales nos preocupamos de las necesidades materiales y espirituales de los demás. Nos llaman a vivir como Cristo quiere que vivamos. Las obras de misericordia se dividen en dos categorías:

■ Obras corporales de misericordia que ponen atención en las necesidades materiales y físicas de los otros.

■ Obras espirituales de misericordia que ponen atención en las necesidades del corazón, el alma y la mente.

> ¿Cómo cambiaría el mundo si viviéramos las obras de misericordia?

We will be judged by our love.

Jesus' whole life was a shining example of service to others. He told his disciples, "I am among you as the one who serves" (Luke 22:27). When we help others, we are following in Jesus' footsteps.

When Jesus gave the Great Commandment to love God and our neighbors as ourselves, a scholar questioned him, asking, "And who is my neighbor?" (Luke 10:29) Jesus answered by telling the parable of the Good Samaritan.

According to the story a man who was on a journey was robbed, beaten, and left on the road to suffer. As he lay there, three people came along; but the first two passed by the suffering man. The third was a man from the country of Samaria, a hated enemy of the victim's country. The Samaritan stopped and took care of the man's wounds, brought him to an inn, and even paid for his care.

After telling the story Jesus asked who of the three men was a neighbor to the man attacked by robbers. The answer came, "The one who treated him with mercy"; and Jesus said, "Go and do likewise" (Luke 10:37).

At the end of our lives, how will we be judged for carrying out our Christian responsibilities? Jesus described the Last Judgment to help us understand the importance of our actions today. The **Last Judgment** is Jesus Christ's coming at the end of time to judge all people. We read in the New Testament that Jesus explained that some people will share in the joys of Heaven and the others will not. To those who performed deeds of mercy, Jesus will say:

For I was hungry and you gave me food, I was thirsty and you gave me drink, a stranger and you welcomed me, naked and you clothed me, ill and you cared for me, in prison and you visited me.
Matthew 25:35–36

Those being judged will ask him when they did all of these things for him, and Jesus will reply, "Amen, I say to you, whatever you did for one of these least brothers of mine, you did for me" (Matthew 25:40).

In his story of the Good Samaritan and his teaching on the Last Judgment, Jesus was talking about mercy. When we show mercy to someone who is suffering, we show love and compassion. Jesus taught that what we do for others, we are doing for him. The **Works of Mercy** are acts of love by which we care for the bodily and spiritual needs of others. They call us to live as Christ wants us to. The Works of Mercy are divided into two categories:

- The Corporal Works of Mercy focus on the physical and material needs of others.
- The Spiritual Works of Mercy focus on the needs of the heart, mind, and soul.

How could the world be different if we all lived out the Works of Mercy?

2 La doctrina social de la Iglesia nos ayuda a vivir el mandamiento de Jesús de amar a los demás.

La Iglesia Católica nos enseña que el responder a las necesidades de los demás es una parte central de nuestra fe. **Doctrina social de la Iglesia** es la enseñanza de la Iglesia que llama a todos sus miembros a trabajar por la justica y la paz como lo hizo Jesús. Nos encarga el bienestar de cada persona. Nos ayuda a ver que cada persona comparte la misma dignidad humana. La enseñanza católica nos ayuda a cumplir el mandamiento de Jesús de amar a los demás de la misma forma que él nos amó.

Hay siete temas que son muy importantes en la doctrina social de la Iglesia.

Vida y dignidad de la persona

La vida humana es sagrada porque es un don de Dios. Todos somos hijos de Dios y compartimos la misma dignidad humana desde el momento de la concepción hasta la muerte natural. Nuestra dignidad—nuestro valor—viene de ser creados a imagen y semejanza de Dios. Esta dignidad nos hace iguales. Como cristianos respetamos a todas las personas, aun aquellas que no conocemos.

Llamado a la familia, la comunidad y la participación

Como cristianos estamos involucrados en nuestra vida familiar y comunitaria. Somos llamados a promover el bien común y cuidar de los más necesitados participando en la vida social, económica y política, usando los valores de nuestra fe para influenciar nuestras decisiones y acciones.

Derechos y deberes

Cada persona tiene un derecho fundamental a la vida. Esto incluye las necesidades básicas para una vida decente: fe y familia, trabajo y educación, salud y vivienda. También tenemos una responsabilidad por los otros y la sociedad. Trabajamos para asegurarnos de que los derechos de todos sean protegidos.

¿Sabías?

Muchas parroquias tienen programas para ayudar a sus miembros a practicar las obras de misericordia. ¿Qué programas tiene tu parroquia que te pueden ayudar a tratar a otros como lo hizo Jesús?

Obras corporales de misericordia

Dar de comer al hambriento.
Dar de beber al sediento.
Vestir al desnudo.
Visitar a los presos.
Cobijar al que no tiene techo.
Visitar a los enfermos.
Enterrar a los muertos.

Obras espirituales de misericordia

Amonestar al pecador.
Instruir al ignorante.
Consolar al que duda.
Consolar al que sufre.
Ser paciente.
Perdonar las ofensas.
Rezar por vivos y muertos.

Catholics have special laws to help live the Christian life.

Catholics have a special set of laws that are called **Precepts of the Church**, laws of the Church that help us to see that loving God and others is connected to a life of prayer, worship, and service. They guide our behavior and teach us how we should act as members of the Church. We also share in the Church's mission of **Evangelization**—the sharing of the Good News of Jesus Christ and the love of God with all people, in every circumstance of life.

The Precepts of the Church are usually summarized as follows:

1. You shall attend Mass on Sundays and Holy Days of Obligation and rest from servile labor.

2. You shall confess your sins at least once a year.

3. You shall receive the Sacrament of the Eucharist at least during the Easter season.

4. You shall observe the days of fasting and abstinence by the Church.

5. You shall help to provide for the needs of the Church.

The Precepts of the Church call us to a life of prayer and service. These laws remind us that our Catholic life is one of balance—a balance between our prayer and sacramental life and the missionary efforts of the Church throughout the world. The fundamental way we accomplish all of this is in our individual parish community.

How can following the precepts of the Church help you to share the Good News of Jesus Christ?

CRECIENDO EN LA FE

ORACION

Una de las formas de cumplir con las obras espirituales de misericordia es rezar por la paz y vivir en paz con los demás. Muchos papas han fomentado la oración por la paz. Recen juntos la siguiente oración:

✝ María, Reina de la Paz,
te confiamos nuestras vidas.
Protégenos de la guerra, el odio
y la opresión.
Enséñanos
a vivir en paz,
a educarnos para la paz.
Afirmar la paz en nuestros corazones
y en nuestro mundo.
Amén.

Oración por la justicia y la paz
del beato papa Juan Pablo II

REFLEXIONA Y ACTUA

¿Cómo la doctrina social de la Iglesia nos llama a seguir el ejemplo de Jesús?

RECUERDA
la Iglesia enseña que:

◎ las obras de misericordia nos ayudan a vivir como Jesucristo quiere que vivamos.

◎ las obras corporales de misericordia se refieren a las necesidades físicas y materiales de los demás; las obras espirituales a las necesidades del corazón, la mente y el alma.

◎ responder a las necesidades de los demás es una parte central de nuestra fe. La doctrina social de la Iglesia está fundada en la vida y obra de Jesús y basada en la dignidad humana de la persona.

◎ los preceptos de la Iglesia expresan algunas de las obligaciones más importantes de los católicos, de crecer en santidad y compartir el trabajo evangelizador y de servicio de la Iglesia.

Vocabulario

Juicio final (pag. 186)
obras de misericordia
(pag. 186)
doctrina social de la Iglesia
(pag. 188)
preceptos de la Iglesia
(pag. 192)
evangelización (pag. 192)

¿Cuáles son las obras de misericordia que tú y tu familia practican más? ¿Cuáles son más practicadas en tu escuela o parroquia?

GROWING IN FAITH

PRAY

One of the ways to fulfill the Spiritual Works of Mercy is to pray for peace and live peacefully with others. Many popes have encouraged us to pray for peace. Pray together the following prayer:

✝ Mary, Queen of Peace,
We entrust our lives to you.
Shelter us from war, hatred,
and oppression.
Teach us
to live in peace,
to educate ourselves for peace.
Root peace firmly in our hearts
and in our world.
Amen.

A Prayer for Justice and Peace
Blessed Pope John Paul II

REMEMBER
The Church teaches...

◎ The Works of Mercy help us to live as Jesus Christ wants us to live.

◎ The Corporal Works of Mercy address the physical and material needs of others; the Spiritual Works of Mercy address the needs of the heart, mind, and soul.

◎ Responding to the needs of others is a central part of our faith. Catholic social teaching is founded on the life and work of Jesus and based on the human dignity of the person.

◎ The Precepts of the Church express some of the most important obligations we have as Catholics, to grow in holiness and to share in the Church's work of Evangelization and service.

Faith Words

Last Judgment (p. 187)
Works of Mercy (p. 187)
Catholic social teaching
    (p. 189)
Precepts of the Church
    (p. 193)
Evangelization (p. 193)

REFLECT & ACT

How does Catholic social teaching call us to follow the example of Jesus?

Which of the Works of Mercy do you most practice in your family? in your parish? in your school?

Vida eterna

Al final de su vida la gente preguntaba al cardenal Joseph Bernardin, Arzobispo de Chicago, acerca del cielo y la vida después de la muerte. El les respondió contándoles la experiencia de su primer viaje a italia, la tierra de sus padres. Al llegar estaba seguro de haber estado ahí. "Creo que el pasar de esta vida a la eterna es algo similar, iré a casa".

¿Qué preguntas tienes sobre la muerte y la vida después de la muerte?

Life Everlasting

When Cardinal Joseph Bernardin, Archbishop of Chicago from 1982–1996, was dying, people asked him about Heaven and the afterlife. He told them about his first trip to Italy, his parents' homeland. Upon arrival, he was sure he had been there before. "Somehow I think crossing from this life into life eternal will be similar," he said. "I will be home."

What questions do you have about death and the afterlife?

El misterio de la muerte es contestado en la resurrección de Jesucristo.

A través de los tiempos la muerte ha intrigado a hombres y mujeres en todas partes. La muerte es el misterio más grande en la vida.

En los tiempos del Antiguo Testamento, la gente no estaba segura de la vida después de la muerte. Consideraban la posibilidad de vivir a través de sus hijos. Es esta la razón por la que los ancianos Sara y Abraham se pusieron tan contentos al conocer la noticia de que iban a tener un hijo, Isaac. Creían que los padres al pasar su herencia, continuaban viviendo en sus hijos.

Los ancianos judíos del Antiguo Testamento consideraban la vida después de la muerte como un tipo de existencia vaga. Creían que el mayor regalo que podían recibir de Dios era vivir una larga vida.

En tiempos de Jesús había dos opiniones sobre la vida después de la muerte. Algunos judíos creían que no había vida después de la muerte; otros opinaban que sí.

Jesús mismo con sus enseñanzas aclaró que sí había vida después de la muerte. Dijo a sus seguidores que Dios da vida, no muerte, y explicó que la vida después de la muerte es diferente a nuestra experiencia humana.

La mayoría de los cristianos del principio de la Iglesia creían en la resurrección. Era un punto tan central en su fe que San Pablo escribió: "Porque si los muertos no resucitan, entonces tampoco Cristo resucitó; y si Cristo no resucitó, el mensaje que predicamos no vale para nada, ni tampoco vale para nada la fe que ustedes tienen" (1 Corintios 15:13–14).

Con esta esperanza y fe en la resurrección de Cristo, la comunidad cristiana pudo soportar la persecución y el sufrimiento. Su fe no se tambaleó por el rechazo y el ridículo. Aun cuando los cristianos atesoraban el regalo de la vida, al igual que Jesús, también sabían que el morir por su fe era compartir la muerte redentora de Cristo. Cristo había conquistado la muerte. Ellos resucitarían a una nueva vida en el Señor resucitado.

Jesús fue único y extraordinario en su vida y muerte. El murió en la cruz pero fue resucitado por Dios, su padre, a una nueva vida. Creemos que la resurrección de Cristo nos da la esperanza de resucitar a una nueva vida después de la muerte. Para los cristianos, la muerte no es el final de la vida.

¿Qué significa para ti compartir la resurrección de Cristo?

The mystery of death is answered in the Resurrection of Jesus Christ.

Throughout the ages death has haunted and puzzled men and women everywhere. Death is a great mystery of life.

In early Old Testament times, people were not sure about life after death. They considered the possibility that men and women might live on through their children. That is why the aged and childless Abraham and Sarah were so overjoyed when they heard that they would have a son, Isaac. They believed that parents, by passing on their heritage, would continue to live in their offspring.

In later Old Testament times the ancient Jews considered life after death as some kind of vague existence. For this reason they believed that the greatest gift they could receive from God was to live a long life.

In the time of Jesus two opposite opinions were held about life after death. Some Jews believed there was no life after death; others had a growing understanding of an afterlife and believed in life after death.

Jesus himself left no doubt as to his own teaching on life after death. He told his followers that God promised life, not death, and explained that life after death is different from our human experience.

Most Christians in the early Church believed in resurrection. It was so central to the faith of early Christians that Saint Paul wrote, "If there is no resurrection of the dead, then neither has Christ been raised. And if Christ has not been raised, then empty [too] is our preaching; empty, too, your faith" (1 Corinthians 15:13–14).

With this hope and faith in Christ's Resurrection, the Christian community was able to endure persecution and suffering. Their faith was not shaken by rejection and ridicule. Even though Christians loved and cherished the gift of life as Jesus did, they also knew that dying for their faith was a sharing in the redemptive Death of Christ. Christ had conquered death. They would rise to new life in the risen Lord.

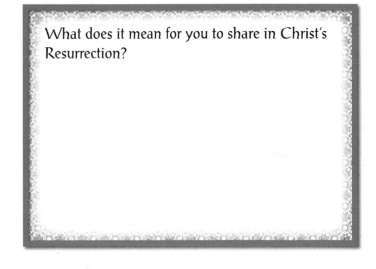

Jesus was unique and extraordinary in his life and Death. He died on the cross, but he was raised to new life by God his Father. We believe Christ's Resurrection gives us the hope of rising to new life after death. For the Christian, death is not the final chapter in life.

What does it mean for you to share in Christ's Resurrection?

Los católicos creemos en la vida eterna.

Credos son afirmaciones de fe. Todas las semanas en la misa dominical la Iglesia profesa su creencia en la resurrección del cuerpo con estas palabras del credo de Nicea: "Espero la resurrección de los muertos y la vida del mundo futuro". Esta creencia es también expresada en el Credo de los Apóstoles: "Creo en . . . la resurrección de la carne y la vida eterna".

Cuando una persona muere, la vida no termina sino que cambia. Cuando morimos, nuestras almas se separan de nuestros cuerpos. Cuando Jesús venga en gloria al final de los tiempos nuestros cuerpos resucitarán y se unirán a nuestras almas.

En los momentos importantes de la vida cristiana—desde el nacimiento hasta la muerte—la comunidad de la Iglesia apoya y guía a sus miembros. El juicio final, al final de los tiempos, confirmará ante todo el mundo si escogimos amar o no. Sin embargo, al momento de la muerte tendremos nuestro juicio particular en el cual seremos juzgados en como amamos y servimos a Dios y a los demás.

Para los que han seguido a Dios y han servido a Cristo, la muerte será el inicio de una paz y felicidad eternas. Esto es el **cielo**—felicidad eterna de vivir con Dios por siempre. Pero mucha gente necesita pasar por un proceso de purificación de sus pecados. Este estado es llamado **purgatorio.**

Los que están en este estado ciertamente alcanzarán el cielo. La Iglesia nos recuerda orar por los que han muerto, especialmente durante la misa.

Los que libremente decidieron vivir una vida egoísta tendrán una vida eterna diferente. Los que no se arrepintieron de sus pecados y no tuvieron la intención de cambiar sus vidas tendrán una vida de miseria eterna en el infierno. **Infierno** es el estado de separación eterna de Dios.

2 We look forward to life everlasting.

Creeds are statements of faith. Each week at the Sunday Mass, the Church professes its belief in the Resurrection of the body with these words from the Nicene Creed: "I look forward to the resurrection of the dead and the life of the world to come." This belief is expressed again in the Apostles' Creed: "I believe in . . . the resurrection of the body, and life everlasting."

When a person dies, life is not ended but changed. When we die our souls are separated from our bodies. When Jesus comes in glory at the end of time our bodies will be resurrected and united with our souls.

In the important moments of Christian life—from birth to death—the Church community supports and guides its members. The Last Judgment at the end of the world will affirm before the entire world whether we chose to love or not to love. However, at the moment of our death we face our particular judgment, at which we are judged in relation to how well we loved and served God and one another.

For those who have followed God's way and have served Christ, death will be the beginning of endless peace and happiness. This is **Heaven**—the ultimate happiness of living with God forever. But many people need to go through a process of purification from sinfulness. This process is called **Purgatory**. Yet, those experiencing Purgatory are certain of Heaven. The Church reminds us not to forget those who have died but always to remember them in our prayers, especially at Mass.

A very different beginning awaits those who freely chose a life of sin and selfishness. They were not sorry for their sins and had no intention of changing their ways. They will have nothing but eternal misery in Hell. **Hell** is the state of everlasting separation from God.

Nadie es condenado al infierno sin la libre decisión de rechazar a Dios y su amor. Cuando pecamos nos separamos de Dios, pero Dios nunca nos rechaza. La voluntad de Dios es que todo el mundo se salve y comparta la vida eterna.

Hay personas que no han escuchado sobre Jesucristo y su Iglesia. Si ellos buscan sinceramente a Dios y tratan de hacer lo correcto, también pueden salvarse. *Escatología* es el término que usa la Iglesia para las enseñanzas sobre nuestra creencia en la muerte, el juicio final, el cielo, el purgatorio y el infierno.

> ¿Qué crees acerca de esta afirmación? "No debemos juzgar a los demás, sólo Dios es un juez justo y misericordioso".

¿Sabías?

Todos los que han muerto y que están con Dios siguen rezando por nosotros y por nuestro bienestar. Creemos que siguen unidos a nosotros los que en la tierra vivimos como discípulos de Cristo. Esto es llamado **comunión de los santos**: la unión de todos los bautizados miembros de la Iglesia en la tierra, el cielo y el purgatorio. Esta unidad es claramente expresada en la misa cuando el sacerdote reza la oración eucarística.

 ## María es la más importante entre los santos.

Por más de 2000 años la Iglesia ha sido bendecida con vidas santas de hombres y mujeres que han aceptado el reto de vivir el mensaje de Cristo. Ellas son nuestros héroes de la fe y han surgido de diferentes medios. Algunos han sido reinas y reyes. Algunos pobres y necesitados. La mayoría ha vivido sus vidas al igual que nosotros. Sin embargo, todos han respondido y compartido el amor de Dios con otros. Han vivido de acuerdo a la voluntad de Dios. Estos son los santos y nosotros somos sus hermanos en la fe, especialmente cuando buscamos el camino a la santidad. La palabra *santo* significa "alguien que ha sido santificado".

María es la más importante entre los santos. Dios escogió a María para ser la madre del Salvador. Ella no vaciló en decir sí a Dios cuando la llamó a ser la madre de Jesús, el Hijo de Dios y nuestro hermano.

Santa Teresita

No one is condemned to Hell without freely deciding to reject God and his love. When we sin, we turn away from God, but he never turns away from us. God wills that every person born should be saved and share eternal life.

There are people who have not even heard of Christ or his Church. If they seek God sincerely and try to do what is right, they, too, can be saved. The Church calls all of these beliefs about death, judgment, Purgatory, Heaven, and Hell the *last things*.

> What do you think about this statement: "We do not judge others. God alone is the just and merciful judge"?

Do YOU Know?

All those who have gone before us, who are now with God, continue to pray for us and for our good. We believe that they are joined to those of us still living as Christ's disciples on earth. This is what we call the **Communion of Saints**: the union of all the baptized members of the Church on earth, in Heaven, and in Purgatory. This unity is most clearly expressed in the Mass when the priest prays the Eucharistic Prayer.

3 Mary is the greatest of the saints.

For over 2000 years the Church has been blessed with the holy lives of men and women who have accepted the challenge to live the message of Christ. They are our heroes and heroines in faith and have come from all walks of life. Some have been kings and queens. Some have been poor and needy. Most have lived their lives just as we do. But all have responded to God's love and shared that love with others. They have lived according to God's way. These are the saints, and we are brothers and sisters with them, especially when we follow the path to holiness. The word *saint* means "one who is made holy."

Mary is the greatest saint. God chose Mary to be the Mother of the Savior. She did not hesitate to say yes to God's call to be the Mother of Jesus, the Son of God and our brother.

San Charles Lwanga

203

Como hija fiel de Israel, María reflexionó en la palabra de Dios y la llevó a la práctica en su vida. Ella fue la madre de Jesús, dedicó su vida a él y estuvo presente en la crucifixión. En Pentecostés, María estaba rezando con los demás discípulos esperando la venida del Espíritu Santo. Ella puede considerarse el primer discípulo de Jesús, quien recibió la buena nueva del amor de Dios en el mundo y quien participó en este. Ella es verdadero modelo o ejemplo de santidad.

La Iglesia nos enseña varias cosas sobre María. Una de ellas es que María es nuestra madre. En Juan leemos algo más sobre María y su relación con nosotros. De acuerdo a este evangelio cuando Jesús fue crucificado al ver a María y a Juan dijo: "Mujer, ahí tienes a tu hijo. Luego le dijo al discípulo: Ahí tienes a tu madre" (Juan 19:26–27). María no es sólo la madre de Dios sino también de todos los que siguen a su Hijo.

Como María sería la madre del Hijo de Dios ella no tenía pecado, Dios la preservó desde el momento en que fue concebida. **Inmaculada concepción** es la verdad de que María fue concebida sin pecado original. María fue librada de todo pecado. Tambien creemos en la verdad de que al final de su vida en la tierra, Dios la llevó en cuerpo y alma al cielo para vivir por siempre con Jesús resucitado. A esto llamamos la **asunción**.

Durante el año eclesiástico celebramos muchas fiestas en honor a María, incluyendo la Inmaculada Concepción, 8 de diciembre, la Asunción de María el 15 de agosto. Cada país tiene un título especial para María. En México María tiene el título de Nuestra Señora de Guadalupe, declarada Patrona de las Américas. Ella es para nosotros más que una figura devocional, distante y separada

de nuestra experiencia diaria. María fue bendecida por Dios para estar llena de gracia, pero ella también fue un ser humano real que enfrentó dificultades y gozos en la vida.

¿Honra tu parroquia a María de manera especial? ¿Qué santos honra tu familia?

Nuestra Señora de Guadalupe, Siglo 20

As a faithful daughter of Israel, Mary reflected on God's word and carried it out in her life. She gave birth to Jesus, dedicated her life to him, and was present at his Crucifixion. On the day of Pentecost Mary was also there, praying with the other disciples as they waited for the coming of the Holy Spirit. She really could be considered Christ's first disciple, the one who heard the Good News of God's love in the world and who acted on it. She is a true model, or example, of holiness.

The Church teaches us several things about Mary. One of them is that Mary is our mother, too. We learn in John's Gospel something more about Mary and her relationship to us. According to this Gospel, as Jesus was hanging on the cross he saw his mother and the

disciple John. Jesus said to Mary, "Woman, behold, your son," and to John he said, "Behold, your mother" (John 19:26–27). Not only is Mary the Mother of God, she is the mother of all who follow her Son.

Because Mary was to be the Mother of the Son of God, who was sinless, God privileged her from the moment she was conceived in her mother's womb. The **Immaculate Conception** is the truth that God preserved Mary from Original Sin and from all sin from the very moment she was conceived. We also believe in the truth that at the end of her earthly life, God brought Mary body and soul to Heaven to live forever with the risen Jesus. We call this truth the **Assumption**.

During the Church year we celebrate many feasts to honor Mary, including the Immaculate Conception on December 8 and the Assumption of Mary on August 15. It seems that every culture has a special title for her. In Mexico, Mary has the title Our Lady of Guadalupe. She has also been proclaimed the Patroness of the Americas. Yet she is more to us than a devotional figure, distant and seemingly removed from our everyday experiences. Mary was blessed by God to be full of grace, but she was also a real human being who faced life's struggles and joys.

Does your parish honor Mary in any special way? What saints does your family honor?

CRECIENDO EN LA FE

ORACION

María es la madre de Cristo y nuestra madre.
Podemos pedirle que rece por y con nosotros.

✝ Dios te salve María, llena eres de gracia;
el Señor es contigo;
bendita tú eres entre todas las mujeres,
y bendito es el fruto de tu vientre, Jesús.
Santa María, Madre de Dios,
ruega por nosotros pecadores,
ahora y en la hora de nuestra muerte.
Amén.

RECUERDA

la Iglesia enseña que:

◎ escatología es el término que usa la Iglesia para las enseñanzas sobre nuestra creencia en la muerte, el juicio final, el cielo, el purgatorio y el infierno.

◎ Dios quiere que todo el mundo se salve y viva en el cielo para siempre.

◎ los que no son salvos han escogido libremente separarse de Dios.

◎ María fue concebida sin pecado original. María fue librada de todo pecado.

◎ creemos que al final de su vida en la tierra Dios llevó a María en cuerpo y alma al cielo para vivir por siempre con Jesús resucitado. Esta verdad es llamada la asunción.

Vocabulario

cielo (pag. 200)
purgatorio (pag. 200)
infierno (pag. 200)
Comunión de los santos (pag. 202)
inmaculada concepción (pag. 204)
asunción (pag. 204)

REFLEXIONA Y ACTUA

¿Cómo la creencia en la resurrección de Jesús nos estimula a vivir vidas santas?

¿Honra tu nombre a un santo? ¿Tienes un santo patrón? ¿Tiene tu parroquia o escuela un santo patrón? ¿Qué puedes hacer para aprender algo más sobre la vida de esos santos?

GROWING IN FAITH

PRAY

Mary is the Mother of Christ and our mother, too. We can ask her to pray with and for us.

✝ Hail Mary, full of grace,
the Lord is with you!
Blessed are you among women,
and blessed is the fruit of your womb, Jesus.
Holy Mary, Mother of God,
pray for us sinners,
now and at the hour of our death.
Amen.

REMEMBER
The Church teaches...

◉ The "last things" is a term that refers to death, judgment, Purgatory, Heaven, and Hell.

◉ God wishes for all people to be saved and to live forever with him in Heaven.

◉ Those who are not saved have freely chosen to separate themselves from God.

◉ God preserved Mary from Original Sin and from all sin from the very moment she was conceived.

◉ We believe that at the end of her life, God brought Mary body and soul to Heaven to live forever with the risen Jesus. This truth is called the Assumption.

Faith Words

Heaven (p. 201)
Purgatory (p. 201)
Hell (p. 201)
Communion of the Saints (p. 203)
Immaculate Conception (p. 205)
Assumption (p. 205)

REFLECT & ACT

How does our belief in the Resurrection of Jesus encourage us to live holy lives?

Were you named after a saint? Do you have a patron saint? Does your parish or school? What can you do to learn more about the life of these saints?

A. Escribe el término al lado de su definición.

Bienaventuranzas	preceptos de la Iglesia	Diez Mandamientos
Resurrección	Nuevo Mandamiento	obras corporales de misericordia
comunión de los santos	Virtud	Evangelización
Fe	Moisés	Cielo
Esperanza	Caridad	obras espirituales de misericordia

1. Las _____ son acciones que los cristianos son llamados a hacer para aliviar las necesidades físicas y materiales de los demás.

2. Los _____ son siete leyes de la Iglesia que nos ayudan a ver que el amar a Dios y a los demás está relacionado a la vida de oración, adoración y servicio.

3. _____ significa compartir la buena nueva de Jesucristo y el amor de Dios con todas las personas en todas las circunstancias de la vida.

4. _____ son enseñanzas que describen como vivir como discípulo de Jesús.

5. _____ fue el líder de los israelitas a quien Dios le dio los Diez Mandamientos.

6. La _____ es la unión de todos los bautizados miembros de la Iglesia en la tierra, el cielo y el purgatorio.

7. Los _____ son las leyes de la alianza que Dios dio a Moisés en el Monte Sinaí.

8. La _____ de Cristo nos da esperanza de resucitar a una nueva vida después de la muerte.

9. El _____ nos pide amar a Dios y a los demás como Jesús nos amó.

10. Las _____ son actos de amor por medio de los cuales nos preocupamos de las necesidades del corazón, el alma y la mente.

11. _____ es un buen hábito que nos ayuda a actuar de acuerdo al amor que Dios nos tiene.

12. _____ es la felicidad eterna de vivir con Dios por siempre.

13. _____ es el don de Dios que nos permite amarlo sobre todas las cosas y a nuestro prójimo como a nosotros mismos.

14. _____ es el don de Dios por medio del cual deseamos la vida eterna, poner nuestra confianza en las promesas de Cristo y depender de la ayuda del Espíritu Santo.

15. _____ es el don de Dios por medio del cual creemos en Dios y todo lo que él ha revelado, y todo lo que la Iglesia propone para nuestra fe.

B. Subraya la respuesta que *no* corresponde.

1. Dios hizo una alianza con los israelitas para que ellos
   a. tuvieran suficiente comida.
   b. fueran liberados de la esclavitud de Egipto.
   c. fueran liberados de la esclavitud del pecado.
   d. fueran fieles a Dios.

2. Las virtudes teologales son:
   a. esperanza.
   b. caridad.
   c. valor.
   d. fe.

3. La doctrina social de la Iglesia
   a. se basa en la vida y obras de Jesús.
   b. nos ayuda a respetar la dignidad de todo el mundo.
   c. influencia nuestro trabajo en la sociedad.
   d. es una enseñanza nueva de la Iglesia.

4. Jesús enseñó que al final del mundo seremos juzgados en
   a. nuestro poderío.
   b. nuestro amor.
   c. nuestro servicio a otros.
   d. nuestra voluntad de verle en los demás.

5. Los católicos creen que al morir
   a. la vida no termina sino que cambia.
   b. vivirán en sus hijos.
   c. serán juzgados en como amaron a Dios y a los demás.
   d. se inicia la felicidad eterna.

C. Responde las siguientes preguntas:

1. ¿Cómo los Diez Mandamientos nos ayudan a ser libres?

   _____
   _____

2. El Nuevo Mandamiento de Jesús parece simple, pero exige fortaleza y valor. Explica.

   _____
   _____

3. Recuerda la historia del buen samaritano. ¿Qué importante lección quería Jesús enseñar con esta parábola?

   _____
   _____

4. Describe dos obras de misericordia que puedes realizar.

   _____
   _____

5. ¿Por qué crees que María es considerada la mayor entre los santos?

   _____
   _____

A. Choose the correct term to complete each statement.

Beatitudes	Precepts of the Church	Ten Commandments
Resurrection	New Commandment	Corporal Works of Mercy
Communion of Saints	virtue	Evangelization
Faith	Moses	Heaven
Hope	Charity	Spiritual Works of Mercy

1. The _____ are acts Christians are called to do to relieve the physical and material needs of others.

2. The _____ are laws of the Church that help us to see that loving God and others is connected to a life of prayer, worship, and service.

3. _____ means sharing the Good News of Jesus Christ and the love of God with all people, in every circumstance of life.

4. The _____ are teachings that describe how to live as Jesus' disciples.

5. _____ was the leader of the Israelites to whom God gave the Ten Commandments.

6. The _____ is the union of all the baptized members of the Church on earth, in Heaven, and in Purgatory.

7. The _____ are the laws of God's covenant given to Moses on Mount Sinai.

8. Christ's _____ gives us the hope of rising to new life after death.

9. The _____ calls us to love God and others as Jesus has loved us.

10. The _____ are acts Christians are called to do to relieve the spiritual, mental, and emotional needs of others.

11. A _____ is a good habit that helps us to act according to God's love for us.

12. _____ is the ultimate happiness of living with God forever.

13. _____ is the gift from God that enables us to love him above all things and our neighbor as ourselves.

14. _____ is the gift from God by which we desire eternal life, place our trust in Christ's promises, and rely on the help of the Holy Spirit.

15. _____ is the gift from God by which we believe in God and all that he has revealed, and all that the Church proposes for our belief.

B. Circle the response that does *not* belong.

1. God made a covenant with the Israelites so that they could
   a. have plenty to eat.
   b. be free from slavery in Egypt.
   c. be free from the slavery of sin.
   d. live as faithful people.

2. The theological virtues are
   a. hope.
   b. charity.
   c. courage.
   d. faith.

3. Catholic social teaching
   a. is founded on the life and work of Jesus.
   b. helps us to respect the dignity of all people.
   c. influences our work and our society.
   d. is a new teaching of the Church.

4. Jesus taught that at the end of life we will be judged on
   a. our power.
   b. our love.
   c. our service for others.
   d. our willingness to see him in others.

5. Catholics believe that when we die
   a. life is changed, not ended.
   b. we live on only in our children.
   c. we are judged on how we loved God and others.
   d. death will be the beginning of endless happiness.

C. Share your faith by responding thoughtfully to these questions.

1. How do the Ten Commandments help us to be free?

   _____

   _____

2. Jesus' New Commandment might sound simple, but it demands strength and courage. Explain.

   _____

   _____

3. Recall the story of the Good Samaritan. What important lesson was Jesus teaching in this story?

   _____

   _____

4. Describe two Works of Mercy that you are able to perform in your life right now.

   _____

   _____

5. Why do you think Mary is considered the greatest saint?

   _____

   _____

Vocación: una llamada a servir

Señor, ayúdame a creer que tienes un plan especial para mí.

Por el sacramento del Bautismo tenemos una vocación común, mostrar al mundo el amor de Cristo con nuestras palabras y acciones, llevar a Cristo a quienes no lo conocen y vivir en santidad. Dios nos llama a cada uno de nosotros a servirle de manera personal y especial. Esta llamada es nuestra vocación, que es un estilo de vida específico donde podemos amar y servir mejor a Dios y a los demás.

Una vocación es un estado de vida—una forma de vivir. Descubrir nuestra vocación es un proceso gradual de oración y meditación guiado por el Espíritu Santo. Cuando respondemos a Dios para seguir nuestra vocación particular, somos las personas que Dios quiere que seamos. Dios nos llama a servirlo en una de las siguiente vocaciones: ministro ordenado, vida consagrada, matrimonio o soltero.

Laicos son miembros de la Iglesia que comparten en la misión de predicar la buena nueva de Cristo al mundo. Todos los católicos inician sus vidas en la Iglesia como laicos. Muchos de ellos continúan como laicos toda su vida contestando el llamado de Dios como casados o como solteros. El matrimonio ofrece la oportunidad de compartir el amor de Dios con la pareja, a expresar ese amor por medio de los hijos, y criándolos con amor en familia. Toda familia es llamada a ser la iglesia doméstica, "una iglesia en el hogar". Los que son llamados a la vida de soltero tienen la oportunidad de compartir el mensaje de amor de Dios por medio del servicio a la comunidad y a la Iglesia.

Dios llama a algunos hombres bautizados a servirle en el ministerio ordenado. Por medio del sacramento del Orden son consagrados para servir como sacerdotes, obispos, o como diáconos permanentes. Los sacerdotes y los obispos son ordenados para servir a la communidad mediante la enseñanza, la oración y la dirección.

Hay dos tipos de sacerdotes: diocesanos que sirven en una diócesis. Ellos ayudan a los obispos siendo ministros parroquiales. También pueden ayudar en las escuelas, hospitales y prisiones. Prometen vivir una vida célibe y respetar y obedecer a su obispo. Religiosos, llamados a trabajar en una orden o congregación, como por ejemplo: franciscanos. Siguen las reglas religiosas o plan de vida adoptado por su fundador.

Algunos hombres y algunas mujeres son llamados a la vida religiosa o consagrada, a ser lo que la Iglesia llama "religiosos o religiosas". Algunos de los religiosos son llamados a sevir también como sacerdotes. Los religiosos y las religiosas participan en varios ministerios de servicio de la Iglesia.

Estos tamién participan en la vida común de su comunidad y sirven donde sea necesario. Toman votos de pobreza, castidad y obediencia. Con estos votos se comprometen a no tener pertenencias, a vivir una vida célibe y ser fieles y obedientes a sus superiores y a la Iglesia.

¿Qué es un diácono permanente?

Un diácono es un ministro ordenado quien puede predicar, bautizar, ser testigo de matrimonio y presidir funerales. Generalmente son hombres casados ordenados para ayudar a obispos y sacerdotes y servir a la Iglesia.

Vocation:
Called to Serve

Lord help me to believe you have a special plan for me.

Through the Sacrament of Baptism, we all share a mission or common vocation "to be the light of the world." We are called to show others Christ's love by our words and actions, to bring Christ to those who do not know him, and to grow in holiness. But God calls each of us to serve him in a personal and special way, too. This calling is our vocation, a calling to a particular way of life through which we can best love and serve God and others.

A vocation is a state of life—a way of living. For most of us discovering our vocation is a gradual process of prayer and questioning in which we are guided by the Holy Spirit. When we respond to God and fulfill our particular vocation, we become the person God wants us to be. God calls each one of us to serve him in one of the following particular vocations: laity, ordained ministry, or consecrated life.

The laity, or the Christian faithful, are members of the Church who share in the mission to bring the Good News of Christ to the world. All Catholics begin their lives as members of the laity. Many remain members of the laity for their entire lives, following God's call either in marriage or the single life. Marriage provides women and men the opportunity to share God's love with a spouse and to express that love by having children and bringing them up in a loving family.

Each family is called to be a domestic Church, "a church in the home." Those called to the single life have the opportunity to share God's message and love through service to the community and the Church.

God calls some baptized men to serve him in the ordained ministry. Through the Sacrament of Holy Orders they are consecrated to the ministerial priesthood as priests and bishops, or to the permanent diaconate. Priests and bishops are ordained to serve the community through teaching, worship, and leadership.

There are two different types of priests: diocesan priests and religious priests. Diocesan priests are called to serve in a particular diocese. They help the bishop of that diocese by ministering in parishes. They also may assist in schools, hospitals, and prisons depending upon the local needs. Diocesan priests promise to lead a celibate life, not to marry. They also promise to respect and obey their bishop.

Religious priests are called to a specific religious order or congregation, such as the Franciscans, Dominicans, or Jesuits. These priests follow a religious rule, or plan of life, adopted by their founder.

Religious priests and some men and women who are not ordained are also called to the religious, or consecrated, life. They are involved in a variety of ministries of service to the Church.

Religious priests and religious men and women usually live in community and serve anywhere in the world that they are needed. They take the vows of poverty, chastity, and obedience. By these vows they pledge to own nothing of their own, to live a celibate life, and to be faithful and obedient to their superiors and the Church.

What is a Permanent Deacon?

A deacon is an ordained male minister of the Church who can preach, baptize, witness marriages, and preside at burials. They are often married. They are ordained to assist the bishops and priests and to serve the whole Church.

Celebrando los siete sacramentos

Símbolos sacramentales	¿Qué celebramos?	Elementos usados	Escuchamos
 **BAUTISMO**	El perdón de nuestros pecados, se nos da la vida de Dios y nos hacemos miembros de la Iglesia	agua, óleos santos, vela blanca, vestido blanco, cirio pascual	"(Nombre), yo te bautizo en el nombre del Padre, y del Hijo, y del Espíritu Santo".
 **CONFIRMACION**	Somos sellados con el don del Espíritu Santo y somos fortalecidos	crisma para unción	"(Nombre), recibe por esta señal el don del Espíritu Santo".
EUCARISTIA	Somos alimentados con el Cuerpo y la Sangre de Cristo. La Iglesia cumple el mandato de Jesús en la última cena "Hagan esto en memoria mía".	pan y vino	"el cuerpo de Cristo". "Amén". "la Sangre de Cristo". "Amén".
 **RECONCILIACION**	Nos arrepentimos de nuestros pecados y nos reconciliamos con Dios y con la Iglesia	estola	"...Yo te absuelvo de tus pecados en el nombre del Padre, y del Hijo, y del Espíritu Santo".
 **UNCION DE LOS ENFERMOS**	Los enfermos graves y ancianos son fortalecidos y consolados	santo óleo	"Por esta santa unción y por su bondadosa misericordia, te ayude el Señor con la gracia del Espíritu Santo".
ORDEN SAGRADO	Hombres bautizados son ordenados de diáconos, sacerdotes y obispos como ministros de Dios.	crisma para unción, vestimentas para el ordenado	(para el sacerdote) "Padre todopoderoso da a este, tu siervo, la dignidad del sacerdocio. Renueva en él el espíritu de santidad".
MATRIMONIO	Un hombre y una mujer se comprometen y son bendecidos para las responsabilidades del matrimonio en mutua y eterna fidelidad.	anillos	"Yo, (nombre) tomo a (nombre) como esposa (marido). Prometo serte fiel en los tiempos buenos y malos, en la salud y en la enfermedad. Te amaré todos los días de mi vida".

Celebrating the Seven Sacraments

Symbols of Sacraments		Why Do We Celebrate?	What Elements Are Used?	What Do We Hear?
BAPTISM		We are freed from sin, given the gift of God's life (grace), and become members of the Church.	water, holy oils, white garment, Easter candle, white candle for newly-baptized	"(Name), I baptize you in the name of the Father, and of the Son, and of the Holy Spirit."
CONFIRMATION		We are sealed with the Gift of the Holy Spirit and are strengthened.	Chrism for anointing	"(Name), be sealed with the Gift of the Holy Spirit."
EUCHARIST	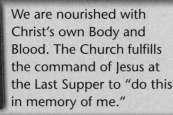	We are nourished with Christ's own Body and Blood. The Church fulfills the command of Jesus at the Last Supper to "do this in memory of me."	bread and wine	"The body of Christ." "Amen." "The blood of Christ." "Amen."
PENANCE		We repent for our sins, and we are reconciled with God and the Church.	stole	"…and I absolve you from your sins in the name of the Father, and of the Son, and of the Holy Spirit."
ANOINTING OF THE SICK		The seriously ill and/or the elderly are strengthened and comforted.	Oil of the Sick for anointing	"Through this holy anointing may the Lord in his love and mercy help you with the grace of the Holy Spirit. May the Lord who frees you from sin save you and raise you up."
HOLY ORDERS		Baptized men are ordained deacons, priests, and bishops to serve as God's ministers to the Church.	Chrism for anointing; vestments for newly-ordained	(For priests): "Almighty Father, grant this servant of yours the dignity of the priesthood. Renew within him the spirit of holiness…."
MATRIMONY		A man and a woman commit themselves to each other and are blessed to carry out the responsibilities of marriage in mutual and lasting fidelity.	wedding ring(s)	"I, (name), take you, [name], to be my wife [husband]. I promise to be true to you in good times and in bad, in sickness and in health. I will love you and honor you all the days of my life."

Año litúrgico es el nombre que damos al año de la Iglesia. Durante el año litúrgico proclamamos y celebramos los diferentes aspectos del misterio de Cristo.

Los tiempos del año eclesiástico son: Adviento, Navidad, Cuaresma, Triduo, Pascua y Tiempo Ordinario. Diseñados alrededor de la gran fiesta del Triduo, los tiempos litúrgicos nos ayudan a recorrer el nacimiento, la vida, sufrimiento, muerte, resurrección y ascensión de Jesús.

En la misa y en la Liturgia de las Horas, nos regocijamos diariamente en la presencia y el poder de Dios en el mundo. Los sacerdotes rezan la Liturgia de las Horas como parte de su ministerio. Algunas parroquias celebran parte de la Liturgia de las Horas que se llama oración de la tarde. Tradicionalmente la Liturgia de las Horas se reza siete veces al día en los monasterios y conventos.

El domingo es el centro de nuestro ciclo litúrgico semanal. Cada domingo celebramos que Jesús resucitó de la muerte en este día de la semana. El domingo también se conoce como día del Señor, es tiempo para descansar, gozarse en la creación de Dios y la familia y servir a los necesitados.

Durante al año litúrgico se celebran días de fiestas de eventos especiales de la vida de Jesús, María y los santos. Estas celebraciones nos ayudan a recordar que pertenecemos a la comunión de los santos quienes interceden por nosotros en el cielo.

Adviento
Da inicio al año litúrgico. Durante este tiempo nos preparamos para celebrar la primera venida, el nacimiento, de nuestro Señor y su segunda venida al final de los tiempos. Se inicia cuatro domingos antes de Navidad y termina con la vigilia de Navidad.

Morado es el color de la vestimenta y las decoraciones de Adviento. Significa que es tiempo de espera.

Navidad
Celebra el nacimiento de Jesús y los eventos gozosos asociados a este, desde su nacimiento hasta el inicio de su vida pública. Se inicia el día de Navidad y termina con la fiesta del Bautismo del Señor.

Los colores usados en las vestimentas son blanco y dorado. Que significan gozo por la presencia de Cristo.

Cuaresma
El Tiempo de Cuaresma empieza el Miércoles de Ceniza. Durante la Cuaresma recordamos que Jesús sufrió, murió y resucitó a una nueva vida para salvarnos del pecado y darnos una nueva vida en el reino de Dios. También trabajamos para acercarnos a Jesús y a los demás por medio de la oración, el ayuno y la limosna. Rezamos por todos los que se están preparando para celebrar los sacramentos de iniciación. Nos preparamos para el Triduo Pascual. El color de la Cuaresma es el morado, que significa penitencia.

Triduo Pascual
El Triduo Pascual es la celebración más importante de la Iglesia. La palabra *Triduo* significa "tres". El Triduo Pascual—se extiende desde el Jueves Santo en la tarde, el Viernes Santo, Sábado Santo y termina el Domingo de Resurrección en la tarde— en la liturgia del Triduo recordamos y celebramos, con muchas tradiciones y rituales, el sufrimiento, muerte y resurrección de Jesucristo. El color del Viernes Santo es rojo, recordando el sufrimiento de Jesús. El color de los demás días es blanco.

Pascua
El Tiempo de Pascua se inicia el Domingo de Resurrección y continúa hasta Pentecostés. Durante este tiempo nos regocijamos en la resurrección de Jesucristo. También celebramos la ascensión de Jesucristo al cielo. El color del tiempo de Pascua es el blanco. El color de la fiesta de Pentecostés es el rojo y significa la venida del Espíritu Santo a los apóstoles.

Tiempo Ordinario
Durante este tiempo recordamos y celebramos las historias, enseñanzas y eventos de la vida de Jesús. Resaltamos la enseñanza de nuestra fe y moral cristianas.

El Tiempo Ordinario ocurre entre Navidad y Cuaresma y entre el Tiempo de Pascua y el Adviento. El color usado es el verde que significa vida y esperanza.